탈무드와 유대인

세상을 이기는 가장 위대한 지혜편 1

탈무드와 유대인

세상을 이기는 가장 위대한 **지혜편 1**

인쇄일 2024년 5월 20일
발행일 2024년 6월 5일

편 저 임유진
펴낸이 김순일
펴낸곳 미래문화사
신고번호 제2014-000151호
신고일자 1976년 10월 19일
주소 경기도 고양시 덕양구 삼송로 222, 현대헤리엇 업무시설동(101동) 301호
전화 02-715-4507 / 713-6647
팩스 02-713-4805
이메일 mirae715@hanmail.net
홈페이지 www.miraepub.co.kr
블로그 blog.naver.com/miraepub

ISBN 978-89-7299-569-2 (04100)
978-89-7299-568-5 (세트)

배움을 날줄로 실천을 씨줄로 삼아

TALMUD

탈무드와 유대인

1

세상을 이기는 가장 위대한 지혜편

임유진 편저

미래문화사
MIRAE

서문

유대인Judean들은 《탈무드Talmud》에서 '영원히 살 것처럼 배우고, 내일 죽을 것처럼 살라.'고 적고 있다. 또 나날을 '오늘이 최초의 날이자 최후의 날'이라고 명시하면서 책을 정원으로 삼고 즐기되 죽음의 바다, 사해死海처럼 받아들이기만 해서는 안 된다고 조언한다.

《탈무드》는 유대인Jew들의 정신적 유산이다. 그래서 유대인에게는 소중한 삶의 지침서이자 경전經典이고 지혜서이다. 불교佛教와 유교儒教가 한국 사람들의 정신문화의 뿌리이듯이 《구약성서》와 《탈무드》는 유대인들의 의식에 깊이 뿌리박고 있다.

《구약성서Old Testament》 중 모세 5경(창세기, 출애굽기, 레위기, 민수기, 신명기)과 《탈무드》는 유대인들의 정신적인 지주이자 지혜의 바다이다. 《탈무드 유머》는 그 망망대해에서 떠올린 한 컵의 물일 뿐이다. 하지만 그 한 컵의 물속에 영롱하게 서려 있는 《탈무드》를 피력해 보고 시나고그Synagogue가 모태가 된 초대교회의 맥도 짚어 보고자 한다. 이는 겨자씨 한 알이 땅에 떨어져 거대한 나무로 자라게 되면, 그 가지에 매달린 열매를 통해 그 씨 안에 담긴 프로그램을 뜯어보고자 하는 열망에서다.

열매가 땅에 떨어져 싹을 틔우고 성장하여 다시 씨앗을 떨어뜨리듯이 《탈무드》라는 지혜서를 통해 유대인들의 내면에 자리작고 있는 삶의 등식을 키보드와 마우스를 움직여 정리해 보고 싶어서이다.

한국 속담에 '연탄장수와 밀가루 장수가 싸우면 연탄장수는 희어지고 밀가루 장수는 검어진다.'는 말이 있다. 이처럼 서로 입장을 바꾸어 관점을 논해 보자는 이야기다.

《탈무드》를 읽다 보면 여호와로부터 지음받은 인간의 입장과 지으신 여호와 신의 입장을 오가며 생각하게 된다.

《신약성서New Testament》는 여호와 하나님이 인류를 구원하기 위하여 독생자 예수 그리스도를 이 땅에 보냈다고 적고 있다. 그런데 인간들은 그를 십자가에 못 박아 죽였다. 신 여호와 입장에서 보면 하나밖에 없는 아들을 죽인 인간들이 얼마나 원망스러웠겠는가? 이에 대한 유대인들의 생각은 다르다. 예수 그리스도는 선지자 중의 한 사람으로 전도 활동을 하다가 돌아가신 분이라는 것이다.

과연 그럴까?

그런데 왜 유대인들은 예수 그리스도 사후 2천여 년 동안이나 유리방황하는 민족이 되었을까? 6백만 명이라는 유대인들이 학살당하였는데 이성이 지배하는 20세기 문명인들이 저지른 이 과오를 무엇으로 설명할 수 있을까?

유대인들은 이런 혹독한 시련 속에서도 꿋꿋하게 살아남았다. 이는 유대인들의 정신적인 지주 토라Torah의 가르침과 《탈무드》가 있었기 때문이다.

돌이켜 생각해 보면 누가 연탄장수이고 누가 밀가루 장수인지 희어지고 검어진 순환 논리가 쳇바퀴 돌듯 반복될 뿐이다.

《탈무드》를 읽으면서 편저자는 여호와 유일신에 대한 표기를 놓고 한동안 고민에 빠졌었다. 우리나라 개신교 측에서 명명하는 '하나님'에 대한 명칭 문제 때문이었다.

1800년대 일본과 중국에서 발행한 《신약성서》에는 여호와 하나님에 대한 명칭이 '상제上帝'와 '천제天帝'였다. 그리고 천주교회天主教會에서 로마 교황청의 재가를 받은 명칭이 '천주天主'였다. '천주교회'라는 명칭은 여기에서 유래한 것이다. 그런 다음 개신교단 측과 천주교 교단이 한자리에 앉아 통일된 명칭으로 '하느님'이라 부르기로 합의하게 되었다. 그런데 개신교 측에서 지금까지 하나님으로 불러 왔던 정서를 들어 '하나님'으로 다시 환원하고 말았다.

천주교회에서는 '하느님', 일반 개신교 쪽에서는 '하나님'이라 부르며, 인내천人乃天 교회로 알려진 천도교天道教 측에서는 '한울님', 그리고 단군교로 알려진 대종교大倧教에서는 '한얼님'으로 명명하고 있다.

유일신 여호와에 대한 명명이 저마다 다른 것만큼 교회 간의 이질 또한 심각한 실정이다. 그러나 한국이라는 토양에 떨어진 기독교라는 씨앗은 확장일로에 있다.

유대인들이 바빌론 포로 시대와 애급 고역 시대를 거쳐 로마의 식민지로 전락했던 것처럼, 동양의 약소국이었던 한국도 고난의 역사를 겪었다.《구약성서》를 읽다 보면 마치 한국 역사를 읽는 것처럼 파란만장함을 느끼게 된다. 거기다 유대 민족의 여인들이 아이를 업고 물동이를 이고 다니는 것을 보면 중동 속의 한국을 보는 것처럼 낯설지 않다. 이런 역사적인 배경이 창호지에 물이 스며들듯 기독교를 받아들인 원인과 무관하지 않을 것이다.

또 솔로몬 왕이 세웠다는 '통곡의 벽'을 보노라면, 마치 우리나라가 고구려 시대에 광개토대왕이 송하강 이남을 고구려 땅으로 확장했던 영광을 보는 듯하다.

유대 민족이 시나이반도에서 여호와 하나님과 계약을 맺은 선민選民임을 내세우는 것과 같이 과거 우리 민족은 백의白衣를 입고 살면서 천손天孫 민족임을 자부해 왔다. 부자의 마음은 부자가 알고 가난한 사람의 심정은 가난한 사람이 이해한다는 말처럼 유대 민족의 역사를 바라보면 동병상련을 느낀다.

유대인들의《탈무드》를 읽다 보면 사물에 대한 사고방식을 확립시켜 주고, 그 뜻을 속 시원히 이해시켜 주기 때문에 흡족함을 느끼게 된다. 두뇌 회전이나 정신을 단련시키는 데 이보다 더 훌륭한 책이 없다. 그래서《탈무드》는 유대인의 혼과 같은 것이다.

원래《탈무드》는 '위대한 학문' '위대한 연구'라는 뜻을 지니고 있다. 그러기에《탈무드》는 흩어져 있는 유대 민족을 단단히 결속해 주고 유대 민족을 포근히 감싸는 어머니의 품속처럼 위안을 준다.《탈무드》에는 생활 규범이 있고 그 규범은 할아버지에서 아버지에게로, 그리고 자신에게로 전승되고 있다. 이런 흐름을 생각할 때 유대 민족이《탈무드》를 지켜온 것이 아니라 오히려《탈무드》가 유대 민족을 지켜 온 것이라고 말할 수 있다.

《탈무드》 본문은 한결같이 두 번째 페이지에서부터 시작되고, 첫 페이지에는 독자가 스스로 경험한 것을 적어 넣도록 되어 있다. 즉, 책을 읽는 사람이 거기에 자기의 경험을 써 메워야 하는 것이다.

《탈무드》는 모두 1만 5천여 페이지에 250만 개 이상의 낱말로 이루어져 있으며, 그 무게만도 75kg에 달한다. 그래서 탈무드를 꼭 빌려 볼 사람은 트럭을 대동해야 한다는 말이 생기게 된 것이다.

유대인들에게 랍비Rabbi는 스승이기도 하고 재판관이기도 하며 요람에서 무덤까지 돌보아 주는 어버이가 되기도 한다. 그런 랍비에게 《탈무드》를 공부하고 싶다고 하면, 랍비는 《탈무드》를 공부할 만한 자격을 갖추었는지 확인하기 위해 다음과 같이 묻는다.

"두 사람이 굴뚝 청소를 하고 나왔는데 한 사람은 새까맣게 그을음이 묻었고 한 사람은 말끔한 얼굴로 나왔다. 두 사람 중 누가 먼저 얼굴을 씻겠는가?"

"당연히 그을음이 새까맣게 묻은 사람이 먼저 씻겠지요?" 라고 답하자 랍비는 고개를 가로저었다.

"그럼 랍비는 누가 먼저 씻는다고 생각하십니까?"

"생각해 보시오. 말끔한 얼굴로 나온 사람은 새까맣게 그을린 사람의 얼굴을 보지 않겠소? 그러니까 자기 얼굴도 검을 거라 생각해서 말끔한 얼굴을 한 사람이 먼저 세수를 하지요."

"허! 거기에 문제의 허점이 있었군요. 그럼 다시 한 번 나를 시험해 보시오."

랍비가 똑같은 질문을 던졌고, 그는 자신 있게 대답했다.

"말끔하게 나온 사람이 먼저 세수를 할 것입니다."

그러자 랍비가 근엄한 목소리로 말했다.

"당신은 지금도 《탈무드》를 공부할 자격이 없소."

"그렇다면 《탈무드》에서는 어떻게 가르치고 있소?"

"두 사람이 똑같이 굴뚝에 들어가 청소를 하고 나왔다면, 어찌 말끔한 얼굴과 그을음투성이의 얼굴로 나올 수 있겠습니까?"

이처럼《탈무드》는 상식적이면서 마음속의 맹점을 찌르는 머리 회전을 요구한다. 그래서 흔히《탈무드》는 법을 논하지만 법전이 아니고, 역사를 논하지만 역사책이 아니며, 수많은 사람의 이야기가 나오지만 인명사전이 아니라고 말하는 것이다. 그렇다고 백과사전도 아니며, 그저 유대인들의 삶을 지탱해 주는 지혜서의 구실을 할 뿐이다.

《탈무드》는 전적으로《구약성서》인 토라에 그 뿌리를 두고 있다.《구약성서》 토라를 보완하고 더 넓게 펼친 것이《탈무드》인 것이다. 그러나 그리스도 출현 이후 기독교인들은 유대 문화를 무시하고,《탈무드》의 존재를 단호히 거부해 왔다. 그래서《탈무드》를 닥치는 대로 불사르고 수집하여 파괴했다.

오늘날《탈무드》는 바빌로니아의《탈무드》와 팔레스티나《탈무드》가 있는데, 그중 바빌로니아《탈무드》가 정통한 것으로 알려져 있다.《탈무드》는 많은 부분이 구전으로 전승되어 내려왔는데, 소실될 것을 염려하여 전승자들을 불러 모은 일이 있었다. 그 전승자들 중에서 머리가 뛰어난 사람들은 제외시켰는데, 이는《탈무드》의 내용이 왜곡되는 것을 막기 위해서였다.

이런《탈무드》는 히브리어를 비롯하여 바빌로니아어, 프랑스어,

독일어, 스페인어, 북아메리카어, 터키어, 폴란드어, 러시아어, 이탈리아어, 영어, 중국어 등으로 번역되었다.

《탈무드》의 중요한 가르침은 지식이 아니라 지혜를 요구하고 있다.

지혜는 지식의 동화 작용을 거쳐야 자양분이 되고, 그 자양분이 나무를 성장하게 한다. 그래서 지혜의 꽃을 피우고 아름다운 향기로 사람들을 즐겁게 해준다.

끝으로 편저자는 독자 여러분들께 제안하고자 한다.《탈무드》는 세계 위인 수십 명을 모아 이들이 수백 시간씩 지혜를 연구하여 발표하게 한 다음 녹음한 내용이 담겨 있는 소중한 자료다. 그만큼 《탈무드》는 매력적이고 어느 페이지를 펼쳐 보든 천년 동안 설파해 온 내용을 만날 수 있는 고귀한 지혜서이다.

이처럼 귀한 책의 서문을 갈음하고 이제 유대인들의 삶의 현장으로 들어가 지혜의 페이지를 펼쳐 보도록 하자.

Contents

2. 탈무드의 지혜

Chapter 1 1장 탈무드의 지혜 - 눈

Chapter 1 탈무드의 감성 · 귀

Chapter 4 탈무드의 오감·손

Chapter 5 탈무드의 전통·발

1

탈무드와 유대인

Chapter 1

유대인과 탈무드

배움을 날줄로 실천을 씨줄로 삼아

'사람이 태어나고 죽는 것은 책의 겉표지나 뒤표지와 같다.'고 《탈무드》는 말한다. 책의 겉표지에 제목이 있듯이 인생을 살아가야 할 방향과 살면서 겪어야 할 수많은 체험을 그 책 속에서 읽을 수 있기 때문이다.

유대인들은 일주일의 모든 날을 교육적인 분위기 속에서 지낸다. 이런 분위기 속에서 자란 유대인 철학자 이븐 데이븐은 다음과 같이 말하고 있다.

"책을 당신의 친구로 삼으라. 당신의 동반자로 삼으라. 서재를 당신의 낙원으로 삼으라. 과수원으로 삼으라. 향기로운 과일을 그곳에 모으라. 그곳에서 꺾은 장미로 당신을 아름답게 장식하라. 후추의 열매를 따라. 정원을 돌며 새로운 경치를 구경하라. 그러면 당신의 희망은 항상 신선하고 당신의 영혼은 기쁨 속에 넘쳐흐르리라."

사람이 배우려는 자세가 되어 있다면 나이가 많고 적음은 아무런 문제가 되지 않는다. 혹 나이가 많아서 배울 것이 없다고 하는 사람은 삶의 목표나 이상이 없는 것으로, 그는 이미 정신적으로 죽은 것과 다름없다고 《탈무드》는 말하고 있다.

사람은 배움으로써 젊음을 유지할 수 있다. 청춘이란 나이로 따지는 것이 아니라 어떻게 살아가느냐에 달려 있다. 의욕적이고 생기발랄한 태도는 말 그대로 젊음이다. 따라서 삶의 태도가 바로 그 사람이라고 말할 수 있다.

《탈무드》는 사소한 것부터 시시콜콜하게 많은 것을 지적한다. 걷는 법, 뛰는 법, 먹는 법, 앉는 법 등 살아가는 온갖 것을 어떻게 하면 되는지 말하고 있다. 그러니까 사람이 살아 있는 동안에는 어떻게 해야 하고, 삶을 풍요롭게 하기 위해서는 배워야 한다는 것까지 세세히 일러주고 있다.

그러면서 배우는 것이야말로 성스러운 일이라고 말한다. 그래서 유대인들은 하늘나라에 갈 때까지 배우라고 권하고 또 그렇게 배운다. 배움에는 아래위가 없으며, 이는 랍비도 예외가 아니다. 그래서 배움에는 끝이 없다. '방대한 지식을 지니고 있는 사람보다 배우기 위해 부단히 노력하고 있는 사람이 존귀하다.'는 말은 '포도송이가 무거우면 아래로 숙인다.'는 말처럼 유대인들에게 자극적인 교훈이다.

"매일 오늘이 당신의 최후의 날이라고 생각하라. 그리고 매일 오늘이 당신의 최초의 날이라고 생각하라."

인간은 80년이나 90년을 산다. 매일매일을 살아서 80년이나 90년을 산다. 그러나 매일매일을 산 후에 80년 혹은 90년이 된다는 것을 잊고 산다. 인간은 하루하루를, 그리고 1시간 1시간, 1분 1분을 살고 있는 것이다. 그렇기 때문에 하루하루가 인생인 것이며, 1분 1초가 인생인 것이다. 이것이 기본이 갖추어진 삶이고 사소한 것 같은 기본의 소중함이다.

만약 오늘이 최후의 날이라고 생각한다면 그 하루를 가장 충실하게 살기 위해 노력할 것이다. 또 만약 최초의 날이라고 생각한다면, 최선을 다해 충만한 하루가 되도록 힘쓸 것이다.

하루살이는 하루밖에 살지 못한다. 그런 까닭에 봄과 여름과 가을, 겨울을 모른다. 하루 만에 일생을 마치기 때문에 그렇다. 인간은 8~90년을 사는데 하루살이가 이렇게 긴 세월을 어떻게 헤아리겠는가? 억겁의 우주에 비한다면 인간도 하루살이가 아닐까? 어쨌든 삶은 여러 번 반복되는 하루하루가 아니다. 그 하루는 단 한 번밖에 오지 않는다. 사람은 누구나 한 번밖에 살 수 없고 목숨은 단 하나뿐이다. 이런 인생을 어떻게 헛되게 살겠는가? 만약 헛되게 산다면 내 생명에 대한 죄인일 수밖에 없다. 헛되지 않게 살기 위해 배움을 날줄로 삼고 실천을 씨줄로 삼아 삶의 양탄자를 짜 나가야 삶에 충실할 수 있을 것이다.

요하난 벤 자카이 랍비

랍비 벤 자카이Ben Jakai는 서기 70년 로마군이 유대를 포위하고 있을 때 생존했던 인물로 유대인의 정신적 지도자가 되어 자각의 불씨를 지펴낸 지혜로운 랍비다. 그는 당시 훌륭한 랍비로 많은 사람들의 존경을 받았다. 로마군에 포위된 예루살렘 성은 이제 그 종말이 가까워 오고 있었다. 벤 자카이 랍비는 성이 함락되더라도 훗날 다시 유대 민족으로 승리할 수 있는 방법을 생각했다. 그러나 그것을 군사적인 방법으로는 도저히 이루어 낼 수 없었다.

'지금 로마군에게 무너지더라도 나중에 다시 일어나 최후의 승리를 하려면 저들보다 더 강한 무기를 가져야 한다. 로마군이 아무리 무너뜨리려고 해도 무너지지 않는 성은 다름 아닌 교육이다. 교육이 결국 칼보다 강하다.'

요하난 벤 자카이는 계속해서 생각했다.

'로마인들은 자식들에게 싸우는 무기, 즉 칼을 물려줄 것이다. 그렇다면 우리 유대인은 지식을 물려주자. 그러면 언젠가는 이길 것이다.'

벤 자카이는 토라를 가르치는 것이 곧 교육이라고 생각했다.

토라는 성문成文 토라인 《구약성서》와 구전口傳 토라 율법이 있는데, 구약시대에 하나님의 계시를 모은 '지혜의 샘'이다.

일반인이 유대교를 볼 때는 상당히 독특한 문화를 가지고 있는 것처럼 보인다. 먹고, 입고, 노는 휴일에 이르기까지 계율로 정하고 있어 갇힌 생활을 하는 것처럼 보이나 유대인들은 그로 인하여 유대인다울 수 있는 것이다.

유대인들은 먹는 것에 대해서도 세심하다 못해 복잡하다. 예를 들면 너구리를 제외한 모든 것은 먹어도 좋다. 물에 사는 것은 지느러미와 비늘이 있는 생선 외에는 먹으면 안 된다. 즉, 새우나 문어, 오징어와 조개류는 먹는 것을 금지한다.

육식을 하는 짐승이나 뱀처럼 땅을 기는 동물도 먹으면 안 된다. 새 중에서 까마귀, 솔개, 매, 타조, 갈매기, 올빼미, 황새, 해오라기 등도 먹어서는 안 된다. 또 육류와 유제품을 같은 용기에 담아서도 안 된다. 그 외 육류라 할지라도 피를 빼지 않은 것은 먹지 않는다.

유대인들은 이런 복잡한 계율을 5천 년이나 지켜오고 있다. 전통적으로 그렇게 지켜오다 보니 으레 그러려니 한다. 불편하다거나 거북스러워하지 않고 오히려 당연한 것으로 생각한다. 이런 계율을 지키는 것이 얼핏 생각할 땐 제약 같을 수도 있지만 이것이 유대인다운 유대인으로 만든다.

당시 벤 자카이는 옥죄어 오는 로마군 앞에서 자신의 운명과 유대의 운명을 놓고 깊은 생각에 잠겼다. 예루살렘을 포위하고 있는 로마군을 바라보면서 어떻게든 이곳을 빠져나가야 한다고 생각했다. 그러나 로마군은 성의 출입문을 철통같이 지키고 있었다.

성안에서도 유대인들 중 호전파, '가르나임Canaim'들은 유대인들이 로마 진영으로 탈출하는 것을 철저히 봉쇄하고 있었다.

벤 자카이는 유대인의 미래를 협상하기 위해 로마군의 수장을 만나기로 작정했다. 그는 우선 측근에게 자신이 중병에 걸렸다는 소문을 퍼뜨리게 했다. 그러고는 조금 있다가 죽었다는 부음을 전하게 했다. 그는 관 속으로 들어가 사환들로 하여금 그 관을 메고 묘지를 향해 성문을 빠져나가게 했다. 가르나임 호전파들도 매장하려고 성 밖으로 나가는 시체까지 막기는 어려웠다.

성문을 빠져나온 벤 자카이는 로마 진영으로 가서 로마 사령관에게 면회를 신청하였다. 로마 사령관 베스파시아누스Vespasianus는 벤 자카이가 유대의 훌륭한 랍비임을 알고 면회 신청을 받아들였다.

벤 자카이는 베스파시아누스를 만나자 '황제 폐하'라고 불렀다. 베스파시아누스는 자기는 한낱 로마의 사령관일 뿐인데 황제 폐하라고 부르니 심히 기이한 일이라고 생각하면서 이야기를 나누었다. 그때 전령이 헐떡거리며 달려와 아뢰었다.

"지금 로마 황제가 사망했습니다. 그리고 원로원 회의에서 베스파시아누스 사령관을 새 황제로 선출하였습니다."

베스파시아누스는 기쁜 한편 벤 자카이가 놀라운 예언의 능력을 가졌다는 사실에 경탄을 금치 못했다. 그때부터 베스파시아누스 황제는 그의 말이라면 귀를 기울이게 되었다.

벤 자카이는 복잡한 생각에 빠져 있었다. 만일 예루살렘을 파괴하지 말라고 주청한다면 그것은 로마인들의 방식이 아니어서 들어주지 않을 것이라고 생각했다. 왜냐하면 출정하여 승리하면 점령지의 시가를 철저히 약탈하고 방화하여 파괴하는 것이 로마인들의 논리였기 때문이다. 그런데 예루살렘을 정복하고도 성을 건드리지 않고 그냥 귀국한다면 베스파시아누스의 입지가 위태로워질 것이 분명했다.

그래서 벤 자카이는 베스파시아누스에게 '야프네Japune' 지역만은 파괴하지 말라고 부탁했다. 베스파시아누스는 야프네가 지중해 바닷가에 있는 보잘 것 없는 고장이어서 대수롭지 않게 생각하고 기꺼이 수락했다. 하지만 야프네에는 토라를 가르치는 대학이 있고, 많은 유대인 학자들이 은거하고 있었다.

로마군은 예루살렘으로 쳐들어가 성전을 비롯하여 모든 거리를 파괴하였지만 오직 야프네 거리만은 그대로 남겨 두었다. 그래서 벤 자카이의 생각대로 계속해서 가르침을 이어갈 수 있었고, 그 결과 훗날 유대인들은 로마인들을 이길 수 있었다.

모세와 십계명

모세Moses는 기원전 15세기 사람으로, 애급(이집트)의 왕녀가 나일강에서 건져 왔으므로 '물에서 얻었다'는 뜻으로 모세라 이름하였다. 모세는 궁중에서 40년 동안 애급의 교육을 받고 자랐으나 40세가 된 때에 애급 사람이 자신의 동족 이스라엘 사람을 심하게 학대하는 것을 보았다. 이에 분개한 모세는 학대하던 애급 사람을 쳐 죽여 모래 속에 묻고 미디안 땅으로 도망가, 그곳 광야에서 목동 생활하며 이드로의 딸 십보라와 결혼하여 살았다.

80세가 되던 해에는 이스라엘 민족을 해방시키라는 여호와의 음성을 듣고, 420년 동안이나 노예로 박해를 받아 온 이스라엘 민족을 이끌고 애급을 탈출하여 무사히 홍해紅海를 건넜다.

이어 모세는 여호와의 부르심을 받고 시나이Sinai산에 올라 십계명을 받았다. 십계명Ten Commandments은 여호와와 이스라엘 백성 사이의 관계, 즉 언약의 관계로 구원의 역사를 전제하고 있는 것이 특색이다.

모세는 200만 명에 이르는 이스라엘 민족을 이끌고 광야에 이르렀지만, 3개월도 못 되어 식량이 떨어지자 이스라엘 사람들은 모세에게 불평하기 시작했다. 그러나 여호와는 낮에는 구름기둥으로, 밤에는 불기둥으로 이스라엘 민족을 보호하고 만나와 메추라기로 허기진 배를 채워주었다. 그것은 젖과 꿀이 흐르는 가나안 Canaan 땅 팔레스타인으로 들어가기 위해서였다.

하지만 모세는 120세에 그리던 가나안 땅을 지척에 두고 모압 땅에서 죽었다. 모세는 여호와의 말씀에 순종하고 자기 동포를 위해 일생 동안 헌신했다.

그런 모세의 율법 토라에는 유대인들의 국가 개념과 철학이 담겨 있다. 인간과 여호와의 관계인 종교적인 법과, 인간과 국가에 관한 민법이 그 핵심이다. 그래서 시나이의 계약the Covnant of Sinai은 이스라엘 민족에게 내린 계약으로 이는 계속 이어져 오늘날에도 살아 있다. '우리와 함께 여기 있지 아니한 자에게까지'라고 하여 후손을 포함시킴으로써 후대에까지 그 계약이 유효하다.

모세의 율법은 신이 약속한 나라를 세울 것을 전제하고 있다. 율법을 받을 당시에는 이스라엘 민족은 여기저기 떠돌며 양떼를 치는 유목 민족이었으나, 율법은 나라를 지키는 것으로 규정짓고 있다.

모세가 받은 십계를 뜯어보면 '하라'는 계명이 셋, '하지 마라'는 계명이 일곱이다.

세 개의 '하라'는 다음과 같다.

첫째, 나는 너의 신이다.
둘째, 안식일을 지키라.
셋째, 네 부모를 공경하라.

일곱 개의 '하지 마라'는 다음과 같다.

첫째, 나 외 다른 신을 섬기지 말라.
둘째, 너를 위하여 새긴 우상을 만들지 말라.
셋째, 살인하지 말라.
넷째, 간음하지 말라.
다섯째, 도둑질하지 말라.
여섯째, 네 이웃에 대하여 거짓 증거 하지 말라.
일곱째, 네 이웃 집의 재물을 탐내지 말라.

위와 같이 십계명은 해서는 안 되는 사실을 명확히 밝히고 있는 점에서 긍정적인 범위를 넓혀 주었으며, 따라서 자유의 영역을 확장시켜 놓았다.

십계명은 만고불멸의 우주의 율법으로 이를 세우신 이는 여호와이시고, 시행자도 여호와이시다. 3천 년이라는 세월이 지났으나 십계명은 그 완벽함이 오늘날까지 인정되고 있으며 큰 영향을 끼치고 있다.

여기에서 예수그리스도와 유대교의 랍비 힐렌의 말을 비교함으로써 율법과 신약성경의 그 차이와 간격을 대비해보자.

예수그리스도는 '너희는 남에게서 바라는 대로 남에게 해주어라.'라고 했다. 그에 비하여 유대의 힐렌은 예수보다 100년 전에 '당신이 싫어하는 것을 다른 사람에게 해서는 안 된다.'고 말했다.

이 두 말 사이에는 미묘한 차이가 있지만 넓은 시각으로 보면 이렇다 할 차이가 없다. 기록에 의하면 유대인은 기원전 12세기가 되어서야 비로소 자신들의 나라라고 부를 수 있는 땅에 살게 되었다. 그 땅은 시대에 따라서 가나안, 팔레스타인, 유다, 이스라엘로 불리면서 쉴 새 없이 수난을 겪은 질곡의 땅이었다.

이스라엘 민족은 모세의 영도로 이집트에서 탈출하는 데 성공했지만 가나안 땅엔 들어가지 못했고, 모세의 후계자 여호수아Jehoshua의 인솔로 실현될 수 있었다. 그 과정도 실로 영웅적인 모험담으로 전율을 느끼게 한다.

유대인들은 가나안에 정착하면서 유목민 생활을 그만두고 사사士師 제도라는 정치 제도를 만들었다. 가나안 점령에서부터 왕국 설립까지 사사기의 기록을 보면 12사사와 6대사사, 그리고 소사사라는 대목이 있다. 그 주요 내용은 율법을 저버리고 우상 숭배에 빠졌다가 회개하고 여호와께 돌아가는 과정을 밝히고 있다. 그러면서 세계 최초로 데모크라시Democracy라는 민주주의 제도를 세운 것으로 기록되어 있다.

사사 제도는 장로의회長老議會와 중의회衆議會를 가지고 있었는데, 장로의회는 영국의 상원의원과 같은 사법부의 기능을 겸하고 있었다. 그러니까 현재 시행되고 있는 민주주의 제도는 유대인 최초의 정부와 유사한 형태다. 《구약성서》에 나타난 히브리인들, 즉 유대인들이 고안해낸 제도를 따랐기 때문에 지금의 민주주의 제도는 결국 유대 민족이 창안해 낸 것이다. 또한 기원전 1300년경에서 800년경 사이에 히브리인에 의하여 알파벳 글자가 발명되었다. 근래까지는 페니키아인들에 의하여 알파벳이 발명되었다고 했으나, 고고학자들의 발굴과 연구로 히브리인들이 발명한 것이 확실시되고 있다.

또, 유대인들의 일신교에서는 신과 인간이 자유로이 관계를 맺었기 때문에 유대인들의 왕권 개념은 이교도들과는 다르다. 이교도들의 왕은 신의 핏줄을 이은 자로, 왕이 곧 국가이고 국교이며, 종교적 숭배의 중심이었다. 그러나 유대인의 왕은 보통의 백성들과 같으며, 법률적·도덕적·종교적으로도 백성과 같다고 말하고 있다.

사울Saul은 그 머리에 기름 부음을 받고 정식으로 즉위한 최초의 이스라엘 왕이었다. 사울은 다윗의 인기가 상승하자 그를 죽이기 위해 쫓다가 결국 길보아 전투에서 중상을 입고 자결했다.

두 번째 왕 다윗은 이스라엘 역사상 가장 칭송받고 사랑을 받은 왕이었다. 그는 기원전 1040년 베들레헴의 이새Jesse의 여덟째 막내아들로 태어나 아버지의 양떼를 돌보며 지냈다. 그러다 블레셋의 골리앗Goliath을 무찌르고 유다와 이스라엘 양 지파가 그를 왕으로 받들었다. 다윗은 유대인들에게 예루살렘의 상징으로, 여부스 사람들에게서 예루살렘을 빼앗아 여호와의 '계약의 궤'를 예루살렘으로 모셨다. 그리고 솔로몬을 후계자로 정하였다. 솔로몬은 그것을 '성전'으로 옮겼으며, 다윗 왕은 그 일을 솔로몬 왕에게 맡겼다. 예루살렘은 그 후 유대교의 상징이 되었을 뿐 아니라 그리스도교와 회교라는 서로 다른 세 종교의 상징이 되었다.

기원전 1200년에 시나이에 건설된 유대 왕국은 어째서 없어지고 말았는가? 이스라엘의 10부족이 아시리아인의 손에 멸망된 후 역사에서 자취를 감추었는데 영영 사라진 것일까? 바빌로니아인이 유대인을 추방했을 때 유대인들의 역사가 완전히 종말을 고한 것인가? 기원전 722년 이스라엘의 패배와 586년 유다의 패배를 딛고 유대인들은 어떻게 새로운 싹을 키울 수 있었던 것일까?

그 후 아시리아에게 정복된 민족은 전부 아시리아의 손에 의해 민족성을 잃고 말았다. 그중에서 살아남은 민족은 유대 민족뿐이었다. 다른 민족들은 동화되어 그 흔적을 찾아 볼 길이 없다.

한편, 바빌로니아에 의해 정복당한 민족은 세계 도처로 흩어졌다. 그중 일부는 그 자리에 남았으나 점점 주체성을 잃어 모두 사라져 버리고 말았다. 당시 잡혼으로 인하여 유대인들 또한 점점 힘이 약해졌고, 유대인으로 살아가는 데 온갖 방해와 협박이 뒤따랐다. 그러나 이스라엘과 유다의 붕괴로 그들은 정신적인 각성을 경험하게 된다.

유대인들은 바빌로니아에서 종교적 집회장으로 시나고그를 세울 수 있었다. 다만 이때부터 신을 향해 의식을 행하는 대신 기도를 드리는 형태로 바뀌게 된 것이다.

시나고그는 그리스도교와 회교의 모스크(사원)의 원형이 되었으며, 기도는 신앙의 보편적인 상징이 되었다. 유대 민족은 시나고그를 세우고, 기도를 함으로써 제사 조직이나 성전, 나라에 얽매이지 않고 버텨 나갈 수 있는 힘을 가지게 되었다.

즉, 세계 어느 곳에서든 중개자 없이 직접 신과 대화할 수 있게 된 것이다. 이동할 수 없었던 종교가 이리저리 옮겨갈 수 있는 종교로 곁에 있게 된 것이다. 이산離散의 유대인이 존속할 수 있었던 최후의 보루는 바로 시나고그였던 것이다.

《탈무드》는 유대인에게 남을 속이지 말라고 하였고, 자신이 사는 곳에서 물건을 팔거나 사지 않는 것이 유대인들 사이에선 통례로 되어 있다. 그것으로 미루어 볼 때 이는 농경사회였던 성서 시대에 일어나는 일상이었으며, 당시 상인이라는 말은 비유대인이라는 뜻으로 사용되었다.

하지만 중국에서 장사를 하는 사람들이 상商나라 사람으로 '상인商人'이 되었듯, 나라를 잃고 살던 곳에서 추방된 유대인들은 땅을 소유할 수 없게 되자 장사의 길로 들어섰고, 결국 오늘날의 유대인이 된 것이다.

2천 년 전 바빌로니아에서 출생한 힐렐Hillel은 벤 자카이, 아키바와 더불어 유대 역사에서 빼놓을 수 없는 3대 정신적 지도자이며 랍비다. 그중에 힐렐은 20세 때에 로마인들의 삼엄한 눈길을 피해 죽음을 무릅쓰고 랍비 밑에서 공부를 했다.

공부하던 도중에 힐렐은 수업료를 낼 수가 없어 지붕 위로 올라가 굴뚝에 귀를 대고 몰래 공부를 하다 그만 잠들어 버렸다. 이튿날 천장을 가리고 잠든 힐렐을 발견하고 끌어내렸으며 그 뒤로 힐렐에게는 수업료를 면제시켜 주었다. 그렇게 공부하여 유명한 랍비가 된 힐렐은 보고, 듣고, 걷고, 서고, 기뻐하고, 슬퍼하고, 시샘하고, 탐하는 등 온갖 사소한 것에 좌우되는 것이 인간이라고 말했다. 그러면서 세상에서 가장 강한 사람은 자신을 다스릴 줄 아는 사람이라고 정의했다. 이는 유대인들이 스스로를 타이르는 말이기도 하다.

랍비라는 직업

랍비는 유대교에서 임명되는데 쉐무아Shmuwah라 하고 이는 '가르침'이라는 뜻으로 쓰인다. 랍비가 임명되는 과정을 보면 스승이 제자를 가르쳐 일정 수준에 도달했다고 생각될 때, 스승이 두 손을 제자의 머리 위에 올려놓고 오늘부터 랍비의 자격이 있다고 선언한다. 이때 양피지에 쓴 면허증이 수여된다. 면허증에는 '이 사람은 학식이 충분하고 신을 공경하며 신에게 복종하는 자이다.'라고 적혀 있다. 그리고 마지막 절에 '요레요레 야레인야레인'이라고 쓰여 있는데, 이는 사람들을 가르치고 재판한다는 뜻이다.

랍비는 유대인의 종교적 지도자이며 율법교사일 뿐만 아니라 정신적 지도자이다. 그래서 로마인들은 유대 민족을 말살하기 위해 랍비 교육을 철저히 금지시킨 적이 있다.

로마인들은 유대인을 완전히 멸망시키고자 여러 가지 방법을 고안해 냈다. 그래서 한때는 유대인의 학교를 폐쇄시키고, 시나고그의 예배를 금지시켰다. 그리고 책을 수거하여 불태우고, 여러 가지 축제일의 행사를 금지시키고 랍비를 양성하는 교육까지 막았으나 결국 쓸데없는 조치가 되고 말았다.

랍비의 교육이 끝나면 학교의 졸업식에 해당하는 랍비 임명식을 하는데, 당시 로마는 랍비를 임명한 사람이나 랍비로 임명받은 사람 모두를 사형에 처하고, 그런 일이 일어난 도시는 멸망시킨다는 어마어마한 포고를 내렸다. 이것은 로마가 그때까지 행한 탄압 수단 중에서 가장 치밀하게 계획된 조치였다.

도시를 불태우거나 멸망시켜 버리겠다는 위협은 무거운 책임이 뒤따르기 때문에 그 효과가 컸다. 물론 랍비가 없어도 잘 돌아가는 사회도 있지만 유대 사회에서 랍비가 없어진다는 것은 사회의 기능이 마비되는 중대한 일이었다.

유대 사회에서 랍비는 정신적인 지도자이며, 변호사이며, 의사이며, 사회의 모든 권위를 대표한다. 로마인들은 그것을 충분히 알고 있었기 때문에 그와 같은 조치를 취했던 것이다.

어떤 랍비가 로마인의 탄압 방법을 꿰뚫어 보고, 그가 가장 사랑하는 다섯 명의 제자를 데리고 도시를 빠져나가 사람이 살지 않는 협곡 지대로 들어갔다. 만약 그곳에서 붙들려서 처벌을 받더라도 도시는 함께 불태워지지 않으리라는 생각에서였다. 그곳에서 가장 가까운 도시는 2마일 가량 떨어져 있었다. 그는 거기에서 다섯 명의 제자를 랍비로 임명했다. 그러나 그들은 로마인에게 발각되고 말았다.

제자들이 물었다.

"랍비여! 어떻게 하면 좋겠습니까?"

"나는 살 만큼 살았으니 괜찮지만 너희들은 랍비의 일을 계속해야 하니 빨리 도망쳐라!"

다섯 명의 제자들은 재빨리 도망쳤다. 늙은 랍비는 붙잡혀서 칼로 3백 번이나 난자당하는 가혹한 형벌을 받고 죽었다.

이 이야기는 랍비가 유대인 사회에서 얼마나 중요한 존재인가를 알게 해준다. 랍비란 일종의 상징적인 인물이다.

유대인 사회에서 《탈무드》가 얼마나 중요한 위치에 있는가를 이해하지 않고는 유대 문화를 이해할 수 없다. 원칙적으로 모든 유대인은 《탈무드》를 통달하고, 《탈무드》에 담겨진 가르침과 이치에 맞게 처신해야 하며, 《탈무드》와 조화를 이루지 않으면 안 된다. 이것은 단순히 공부로서만이 아니고 종교적인 의무이기도 하다.

유대인에게 있어서 하나님을 공경하고 예배한다는 것은 곧 공부다. 그들은 《탈무드》를 매일 공부하면 깨달음과 같은 경지에 도달

한다고 믿고 있다.

랍비 사회에서 상하 관계나 서열은 없다. 또 아무런 단체도 만들지 않는다. 물론 어떤 랍비는 다른 랍비보다 더 현명하다고 인정되어 어려운 질문을 받거나 복잡한 의식을 담당하기도 한다.

오늘날 이스라엘의 종교 학교에서는 9세부터 《탈무드》의 공부를 시작하여 고등학교 과정을 마치게 되는데, 그때에는 《탈무드》만 공부한다. 그 기간은 10년에서 15년이나 된다.

미국에서 랍비를 양성하는 학교에 입학하려면, 먼저 일반 대학에 들어가서 학사 학위를 받아야 한다. 그 학교는 대학원에 해당한다.

랍비가 되기 위해서는 매우 엄격한 시험을 거친다.

입시 과목은 성서·히브리어·아랍어·역사(이것은 자그마치 4천 년의 역사이므로 그 양이 대단하다)·유대문학·법률·탈무드의 심리학·설교학·교육학·처세학·철학이 있고, 그 밖에 몇 가지 논문도 써야 한다. 더구나 졸업 때는 4~6년간 배운 것에 대해서 마지막 시험을 치러야 한다.

이들 과목 중에서 가장 기본이 되고, 중심이 되는 것은 《탈무드》이다. 반 이상의 시간이 《탈무드》에 배당된다. 탈무드 이외 과목은 일반 교수가 가르치지만 《탈무드》는 보통의 교수가 아닌 뛰어난 인격자, 즉 현자나 흔히 볼 수 없는 위대한 인물이 수업을 맡는다.《탈무드》를 빌어서 말한다면, 학생을 왼손으로는 차갑게 떠밀고, 오른손으로는 따뜻하게 끌어안을 수 있는 능력의 소유자인 것이다. 학생들도 탈무드를 가르치는 교수에 대해서는 아주 특별하게 생각한다.

또《탈무드》는 혼자가 아닌 두 사람이 한 조가 되어서 공부한다. 큰 소리로 낭독하고 모두 모여서 합창으로 외우기도 한다. 그렇게 3년 동안 계속한다. 교수는 결코 어떻게 공부하라고 강요하지 않으므로 스스로 판단하지 않으면 안 된다. 각자 탈무드를 명상하고, 읽고, 여러 가지 문제를 풀고 난 뒤 두 사람이 모여 학급에 나온다.

《탈무드》는 단지 읽는 것에서 그치지 않는다. 그 참다운 의미를 밑바닥에서부터 파악하지 않으면 안 된다. 때문에 한 시간의 수업을 받기 위해서는 대략 4시간 가량 예습을 한다. 그러나 고학년으로 올라갈수록 한 시간의 수업을 위해서 20시간 이상 준비하지 않으면 수업을 따라갈 수 없다.

《탈무드》의 수업은 하나하나 가르치는 것이 아니라 대략 줄거리를 이야기하고, 어떻게 공부하면 좋은가 하는 방향을 제시해줄 뿐이다. 저학년 학생들은 모두 책상에 둘러앉아 토론하고, 교수는 떨어진 장소에서 듣기만 한다. 물론 수업을 준비하는 단계에서는 교수에게 여러 가지 질문을 할 수도 있다.

《탈무드》 수업을 하려면 반드시 그리스어(헬라어)와 라틴어를 말할 수 있어야 한다. 또 그리스와 로마의 문화에 정통해야 한다.

랍비가 되기 전의 학생이 독신이면 기숙사에서 생활한다. 대략 1

백 명 가량의 학생이 같이 생활하기 때문에 하나의 학생 사회가 형성되어 함께 식사하고 이야기도 나눈다. 그러나 수도원과 같은 엄숙한 분위기는 전혀 없다. 저녁이면 농구 같은 경기도 하면서 즐긴다. 따라서 일반 사회에서 격리된 수도원과는 근본적으로 다르다.

무난히 졸업할 수 있게 된 사람은 처음 2년간은 학교를 위해서 일한다. 즉 종군 랍비가 될 수도 있고, 랍비가 없는 마을에 가서 봉사할 수도 있다.

2년이 지나면 대학에서 교편 생활을 하거나 유대인 사회에서 랍비로 일할 수 있다.

교구는 하나하나 독립되어 있으므로 가톨릭 교회처럼 어디로 파견되는 일은 없다. 여러 유대인 지역 사회에서 한 달의 보수 등 조건을 제시하며 랍비가 될 사람을 구해 달라는 신청을 랍비 양성 학교로 하게 된다. 그러면 졸업이 가까워진 랍비는 학교의 사무국에 자기가 가고 싶은 곳을 신청한 다음 그 지역 사회에 직접 가서 면담을 한다.

지역 사회가 어떤 랍비를 선택하든 자유이며, 랍비 역시 여러 곳에 가 본 후 마음에 드는 곳을 선택할 자유가 있다. 랍비의 임기는 보통 2년 정도이고, 보수와 그 밖의 조건은 지역 사회와 계약에 의해 결정된다.

유대인은 아침에 세수를 하고 아침을 먹는 것과 같이 예배당이 필요하며, 아이들 또한 교육을 받기 위해서는 유대인 학교, 즉 예배당이 필요하다. 그래서 대체로 유대인 20가구 정도가 되면 예배당을 설치하여 랍비를 초빙한다. 한 지역 사회에 몇 명 정도의 유대인이 사느냐에 따라 랍비의 수가 정해진다.

지역 사회의 재원은 기본적으로 가족 단위의 분담금으로 조달되는데, 재산이 풍부한 사람은 1년에 한 번씩 특별 기부를 한다.

오늘날 랍비의 역할은 유대인 학교의 책임자이고, 예배당의 관리자이며 또한 설교자이다. 그는 유대의 모든 전통을 대신해서 공부하고, 요람에서 무덤까지 유대인 사회 문제의 해결자가 된다. 사람이 태어나면 그를 제일 먼저 맞아들이고, 죽어서 매장할 때, 결혼할 때, 이혼할 때도 입회한다. 좋은 일에나 나쁜 일에나 항상 동참한다. 따라서 그는 학자이자 목회자이자 지도자이기도 하다.

15세기까지 랍비는 보수를 받지 않기 때문에 대개는 다른 직업을 갖고 있었다. 그러다가 15세기 이후부터 지역 사회가 랍비의 보수를 부담하게 되었다.

'랍비'라는 말은 1세기경부터 사용되기 시작했는데, 히브리어로는 '교사' 또는 '위대한 분'으로 율법사를 뜻하며, 영어로는 '라바이'라고 발음한다.

유대교에서는 시간을 대단히 중요시하지만, 장소라든가 지역 같은 공간은 그다지 중요시하지 않는다. 따라서 가톨릭 교회에서와 같은 성역이라는 말은 없지만 랍비는 성인이라고 칭송된다.

유대인을 박해한 유구한 역사

유대인들은 로마에 점령당하기 전 대로마제국과 맞서 대결했다. 그러다 로마의 지배를 받게 되자 갈바 황제 때 팔레스타인에서 탄압에 못이긴 유대인들이 반란을 일으켰다. 그러자 로마는 재발 방지를 위해 더 심한 박해를 가하게 되었고 그에 항거하여 2세기경에는 벨크르바에서도 반란이 일어났다. 그에 앞서 66년에는 로마 총독 플로루스가 예루살렘 성전에 침입하여 황금을 몰래 훔쳐간 사건이 있었는데 이 사건이 발단이 되어 유대인 대반란이 곳곳에서 들불처럼 일어났다. 이때, 예루살렘 주민들은 플로루스 총독을 강제로 추방하고 성난 노도처럼 로마 수비대를 일격에 격파했다. 그러자 로마 황제 네로는 팔레스타인에 거주하는 유대인을 진압하기 위해 장군 베스파시아누스를 현장에 급파하여 무자비하게 진압하였다. 그 상황에서 2만 명의 유대인이 가이샤라에서 학살당하고, 갈릴리에서 8천여 명이 무참하게 죽임을 당했다. 그리고 3만여 명이 노예로 팔려갔다. 그러던 차에 네로가 반란으로 살해되자 베스파시아누스가 황제가 되고, 그 아들 티투스가 정복자로 예루살렘에 입성했다. 티투스는 예루살렘에 입성한 후 9만 7천여 명을 포로로 잡아갔으며, 예루살렘을 포위하고 대병력을 투입하여 110만여 명의 유대인을 잔인무도하게 학살했다.

서기 70년 예루살렘이 함락당하자 유대인들은 사해 서안 고지대인 천혜의 요새 마사다로 옮겨 가 3년간 항쟁을 계속했다. 유대인들은 끊임없이 핍박하는 로마제국을 악마의 집단이라고 여겼다.

서기 73년, 끝내 로마군의 사령관 실바에 의해 마사다가 점령되고 960여 명이 그 자리에서 자폭 순절했다. 남은 사람은 여자 다섯 명과 소년 두 명이 전부였다. 로마에 점령당한 유대인들은 노예가 되어 짐승처럼 끌려가 농노가 되거나 전쟁터의 맨 앞줄에 세워져 화살받이가 되었다. 그 후 기름 가마에 튀겨지고, 사자 굴에 던져져 사자 밥이 되는가 하면, 검투 시합장에서 짐승처럼 싸우는 등 온갖 실험 대상이 되어 소모품 취급을 받았다.

중세 유럽에서도 혹독한 박해가 이어졌다. 유대인들이 자신들의 제단에 피를 바치기 위해 사람을 죽였다는 소문이 11세기 초에 전 유럽에 퍼진 것이다. 유대인들의 율법은 짐승의 피도 금하는데 사람의 피를 쓴다는 소문은 터무니없는 것이었다. 그들은 짐승을 잡을 때도 피를 빼고 난 뒤에 식용으로 쓰도록 율법으로 정하고 있다. 그런데 황당하게도 아무 근거도 없는 중상모략이 입에서 입으로 옮겨져 불길처럼 번졌다. 그리고 이 이야기는 더욱 구체성을 띠며 '유대인이 유월절에 먹는 무교병無酵餠·Matzo을 구울 때 그리스도교의 남자아이를 죽여 그 피를 바른다.'는 등으로 번져나갔다. 이 흉흉한 유언비어는 사람들의 마음을 빼앗아 무자비한 박해로 이어졌다. 유럽의 그리스도교 사회에서 유대인들은 유대교인이라는 것 때문에 미움을 받았다. 유대인들이 앞서가는 것을 못마땅하고 아니꼽게 여긴 것도 핍박의 이유였다. 교리적인 측면에서 보면, 유대교는 예수를 하나님의 독생자로 받아들이지 않고 메시아로 인정하지 않는다는 점에서 종교 간의 정통성 시비가 갈등 요인으로 작용했다. 게다가 정치적인 힘까지 가세하여 유대인을 박해한 것이다.

사실 그리스도교와 유대교와 이슬람교는 그 뿌리가 같다. 유대교와 그리스도교가 공존이 불가능했던 데 반해 유대교와 이슬람교는 이스라엘에서 추방된 뒤에도 이슬람 회교문화권에 적응하여 충돌 없이 공존해 왔다.

한편, 그리스도교와 이슬람교는 물 위에 기름 돌듯이 같은 자리에 앉지 않았다. 그러니까 1516년부터 400년간 터키는 오스만제국의 지배를 받았는데, 십자군전쟁 기간이었던 200년간을 제외하고는 근 1천 년간 유대인들이 이슬람 영향권 내에 있어도 학살 같은 것은 없었다.

그러나 그리스도교와 회교문화권은 상황이 달랐다. 성서적으로 보면 조상의 뿌리는 같지만 둘은 이복異腹, 즉 배다른 형제 그 자체였다. 여기에 정세가 황제나 왕에게 불리하게 돌아가면 그 죄를 여지없이 유대인들에게 뒤집어 씌웠다.

유대인을 핍박한 반셈주의

그리스도교가 로마제국의 국교가 된 후부터 유대인은 여러가지 형태로 박해를 받았다. 19세기 후반 들어 독일에서 발생한 핍박은 제정 러시아 등으로 번져나갔다. 반셈Anti-semite이라는 말은 유럽에 거주하는 유일한 셈족이라는 뜻으로 붙여진 이름이다. 이 유대인 혐오사건은 나중에 프랑스 드레퓌스 사건, 러시아의 포그롬, 나치의 유대인 학살로 이어졌다.

이처럼 유대의 박해는 정치와 종교가 수레의 두 바퀴처럼 상호 협조하며, 때로는 독수리처럼 두 날개를 펴고 두리번거리며 유대인들이 사는 거리를 살폈다.

1517년 마틴 루터Martin Luther가 종교개혁을 부르짖고 나서면서 잠시 유대인들에 대한 유화책이 펼쳐지기도 했다. '예수 그리스도 또한 태어날 때는 유대인이었다.'면서 유대인들에 대한 박해를 반대하고 인간적인 대접을 강조했다. 그러나 말년에는 루터도 유대인을 비방하고 나섰다. 그것은 유대인들이 그리스도교로 개종할 기미가 보이지 않았기 때문이었다.

비방의 목소리가 높아지자 유대인들을 반대하는 '반셈주의Anti-semitism'가 일어나게 된 것이다. 이는 《독일주의에 대한 유대주의 승리》라는 책을 쓴 빌헬름 마르Wilhelm Marr(1819~1904)가 처음 사용한 용어로, 반유대주의를 뜻한다.

한편, 그리스도교인들은 출애굽기에 나오는 모세의 이야기를 예로 들면서, 이스라엘 백성들의 탈출을 성공시키기 위해 신 여호와가 어떻게 이집트의 사내아이를 죽였는지 상기시켰다. 그리고 그처럼 유대인이 그리스도교의 아이를 죽였다는 식의 비방을 퍼뜨렸다.

사실 유대인들은 이미 아브라함 시대에 인간을 제물로 바치는 일을 멈췄다. 비둘기와 소와 양을 바쳤던 《성서》의 기록이 이를 증명한다. 그러나 16세기에 들어서《구약성서》가 일반인들에게 읽히기 전까지의 상황에서 유대인들에 대한 오해는 말로 할 수 없을 정도로 극심했다.

1144년 영국의 노위치 마을에서 있었던 소년 사건도 마찬가지였다. 나중에 배교背教한 유대인이 퍼뜨린 헛소문임이 밝혀졌지만, '유월절의 제물로 쓰기 위해 소년을 죽였다.'고 유대인들을 참소했다. 다행히 살인의 흔적이 없는 소년의 시체가 발견되어 들끓던 그리스도교인들의 비난이 간신히 무마되었다.

그리고 100년이 지난 뒤, 또다시 유대인이 그리스도교도 소년을 유괴하여 십자가에 매달아 죽이고, 그 피로 유월절의 떡을 물들였다는 괴이한 이야기가 퍼져 나갔다.

사회적으로 흉흉한 기류가 감돌 때마다 악몽 같은 소문이 퍼져 나갔는데 이때마다 유대인들은 피를 말리며 떨어야만 했다. 이 괴사건 또한 유혈 사태를 두려워한 왕이 유대인을 제물로 삼아 20명의 유대인을 유죄로 잡아들였다. 이들은 심한 고문을 받고 준비된 자백서에 서명함으로써 사형에 처해졌다. 사건이 종결된 후에 소년의 시체가 발견되었는데 시체에는 아무런 타살의 흔적도 없었다.

이러한 핍박이 있은 후 그리스도교가 313년 로마 황제 콘스탄티누스 대제大帝의 칙령으로 공인되었다. 하지만 이전부터 반유대주의는 전통으로 자리 잡아 괴이한 일이 생겼다 하면 유대인들을 끈질기게 괴롭혔다.

콘스탄티누스 2세는 유대인들을 차별하는 정책으로 기독교인과의 혼인을 금지시켰다. 그리고 유대인에게는 농지 대여조차 막는 조치를 취했다.

1095년, 교황 우르바누스Urbanus 2세는 예루살렘의 성지 탈환을 목적으로 십자군 파병을 제창했다.

1096년 3월 제1차 십자군이 예루살렘을 향하여 발걸음도 당당하게 출발했는데, 십자군의 출발과 더불어 유대인의 비극은 다시 시작되었다. 정해진 목표는 이슬람이 점령한 예루살렘 정복이었지만 실은 그리스도를 살해한 유대인을 척결하는 데 복수심을 불태우고 있었다.

그 예로 1099년 7월 15일 예루살렘을 점령한 십자군은 유대인이 피난하여 숨어 있는 회당에 불을 질러 모조리 태워 죽였다. 대의명분은 성지 탈환과 그리스도교의 중흥이었지만, 그 실체는 유대인을 무차별 학살하고 약탈과 만행을 스스럼없이 저지르는 십자군의 흉측스런 단면이었다.

십자군은 '성지 탈환'이라는 목표만으로 모병을 하기가 쉽지 않았다. 그래서 십자군에 지원하는 자들에게 전쟁에서 이기게 되면 그 전리품을 가져올 수 있는 특권을 약속했다. 그렇게 해서 십자군을 모았으나 보급물자와 식량 지원이 어려웠다. 보급이 어려워짐에 따라 병사들은 현지조달 방식으로 연명하며 전투에 임할 수밖에 없었다.

그러다 보니 천주교회 지역을 벗어나 이교도 지역으로 행군할 때는 약탈과 강도 행각을 서슴지 않았다. 점차 전리품에 눈독을 들여 살인 등 중범죄를 저질렀고 나중에는 폭력집단으로 변했다. 이때부터 십자군 부대가 지나가는 곳마다 무차별 살인·강도·강간이 자행되었으며 그 지방은 공포의 도가니가 되었다.

십자군의 눈에는 이교도들인 유대인이나 이슬람교인이 전리품으로밖에 보이지 않았다. 성지 탈환이라는 목표 아래 잔인한 행동도 정당화되어 양심의 가책이나 신앙의 모순을 느끼지 않았다. 아니, 이교도들을 죽이는 것은 하나님의 뜻을 위한 영광스러운 일이며, 이것은 이미 출정할 때 교황이 허락해 준 특권이었다. 그러니까 결국 교황이 무장강도질을 허가해준 것이다.

이런 가운데 1096년 출정한 마인츠에서 십자군은 전유물을 차지하기 위하여 개종을 거부한 1천여 명의 유대인을 무차별 살해했고, 마그데부르크와 멧츠와 플랑드르와 보름스 등지에서도 수없는 학살을 자행했다. 십자군은 이슬람교도와 교전하면서 유대인을 또 다른 적으로 간주하여 남녀노소를 가리지 않고 전멸작전을 폈다.

예루살렘 성전에 입성한 십자군은 남녀노소 할 것 없이 무차별 학살을 저질러 시체가 산더미처럼 쌓였으며 그것을 하나님의 영광을 드러내는 것이라 믿었다. 그리고 그리스도의 뜻을 땅끝까지 전하기 위해서는 당연한 일이라고 생각했다. 그러니까 십자군은 하나님의 이름으로 학살하고, 하나님의 이름으로 약탈하고, 하나님의 이름으로 강간하고, 하나님의 이름으로 방화하는 무도한 행위를 서슴치 않았다. 이처럼 십자군은 아홉 차례에 걸쳐 200여 년 동안 행각을 벌였으니 이보다 흉측한 일이 어디에 있을까!

이런 잔악상에 대하여 성 버나드St.Bernard(1090~1153)는 설교를 통하여 '적을 죽이는 것은 주님께 쓰임받는 행동이며, 자신이 죽임을 당하는 것은 주님 곁으로 가기 위한 행위이다'라고 했다. 물론 이슬람인들도 한 손에는 코란, 한 손에는 칼을 들고 있다. 만일 인간이 신(여호와·알라)의 이름을 빌려서 대립하고 전쟁을 일삼는다면 어떻게 될까? 그렇다면 신을 믿는 종교가 있는 한 인류 평화는 없단 말인가. 타종교와의 전쟁을 '성전'이라고 정당화한다면 지구상에 평화는 언제 올 것인가? 생각건대 십자군 전쟁이 진정으로 하나님의 뜻이었을까? 그렇다면 왜 실패했던 것일까?

정치적 소요를 막기 위한 유대인의 희생

1348~1350년경에는 흑사병(페스트)이 창궐하여 전 유럽의 반수 이상이 희생당하는 전대미문의 사태가 벌어졌다. 그런데 이 질병의 책임이 유대인에게 있다고 하여 유대인 대학살이 시작되었다. 참으로 하늘이 있어도 소리 지를 수 없는 천인공노할 일이었다. 게다가 몰지각한 그리스도교인들이 '유대인들이 샘물에 독약을 뿌려 그리스도교인을 전멸시키려 한다.'는 소문을 퍼뜨렸다. 유대인들은 유럽의 영토에 살아 있어도 산목숨이 아니었다. 독 안에 든 쥐처럼 벌벌 떨고 있을 수밖에 없었다.

민심이 흉흉하게 돌아가자 스위스 제네바 근교에 거주하는 유대인을 끌고 나와 고문한 뒤 강제로 자백을 받아내 100명이 넘는 사람을 무참히 학살하는 사건이 일어났다.

그리고 1492년에는 유대인이 성찬식의 음식을 훔친다는 소문이 떠돌았다. 이는 권력자들이 국내 경제 침체의 원인을 유대인들에게 돌려 중상하고, 눈엣가시 같았던 유대인을 골라잡아 처형함으로써 민심을 달랜 정치적인 쇼였다.

이처럼 유럽의 정치인들과 그리스도교인들은 기아와 질병에 시달릴 때마다 유대인을 지목하여 저들의 탓이라고 몰아 그들을 제물로 삼았다. 이들이 유대인들에게 허울 좋은 죄목으로 내세운 것은 예수 그리스도를 잡아 죽인 민족, 카인의 후예라는 것이었다. 그렇게 몰아세워 세계 각처에서 유대인을 박해하고, 때로는 저주를 퍼부었다.

그런데 아이러니하게도 유대 민족의 중심 사상이 지금의 세계를 지배하고 있다. 즉, 그리스도교의 유대인에 의해서 전해졌고 세계는 그 날개 아래 놓여 있다는 말이다. 그러나 유대 역사는 박해와 고난의 연속이었으며, 결과적으로 역사는 학대받는 자들의 기록문화였다.

이스라엘의 역사는 한 개인 아브라함에서 기원한다. 그리고 이스라엘은 여호와의 연합체로 탄생하고 가나안 땅을 점유함으로써 나라가 시작되었다.

가나안 땅 예루살렘은 긴 사다리 모양으로 지정학적으로 강대국 사이에 끼어 있다. 아시리아Assyria를 비롯하여 바빌론, 페르시아,

그리스, 시리아, 그리고 애급과도 근접해 있다. 그런데 이 많은 나라들 중에 이스라엘을 괴롭혔던 강대국들은 모두 역사의 무대에서 사라지고 말았다.

유대인들은 유일신 여호와를 믿는다. 그리스도는 신이 될 수 없다는 유대인들의 사고, 이것이 그들이 집단으로 살해당해야 했던 어처구니없는 이유였다.

고대 희랍의 아리스토텔레스 시대에는 1년에 한 번씩 노예를 끌고 아테네 시내를 돌고 난 뒤, 모든 죄를 그 노예에게 뒤집어씌운 다음 대속 제물로 삼아 죽였다. 이런 일은 고대 유대인 사회에서도 있었다.

축제일을 맞아 1년에 한 번씩 산양山羊 한 마리에게 모든 죄를 덮어씌운 다음 예루살렘에서 사해死海의 사막을 향해 내쫓았다. 이를테면 '속죄양'으로 삼았던 것이다. 사실상 그리스도가 전 인류의 죄를 뒤집어쓰고 죽었다는 것도 이런 발상에서 기초한 것에 지나지 않는다.

예수 그리스도 당시 유대인들은 바라던 주님이 오셔서 유대 민족을 해방시켜줄 것이라고 믿었다. 그때 나타나신 예수가 바로 그 이라고 하면서 유대인들이 구름같이 모여들자, 유대를 다스리던 로마로서는 심각한 문제가 아닐 수 없었다. 어떻게든 주모자를 잡아 처단해야 한다는 판단을 내렸다. 이때 가롯 유다가 나서게 된 것이다. 이로 말미암아 그리스도 예수의 꿈은 좌절되고, 두 강도와 함께 십자가 형틀에 못 박혀 처참하게 돌아가시는 참극이 벌어진 것이다. 그 후 그리스도와 같은 피를 나눈 유대인들은 아무 이유 없이 세계 도처에서 수난을 당했는데, 그 이유는 오직 유대인이라는 것이었다.

유럽의 중세기는 그리스도교의 엄중한 통제하에 있었다. 또한 교회의 가르침은 인간의 정신적인 면만이 아니라, 자연계와 인간계를 포함하여 하나님의 말씀으로 해석되었다.

따라서 교회의 가르침을 위반하는 자는 악마의 영혼에 침해당한 이단으로 규정되고 종교재판에 회부돼 처벌당했다. 몇 백 년이라는 장구한 세월 동안 수백만 명이 그렇게 피살되었다. 이런 재판을 '마녀재판'이라고 불렀는데, 이 마녀는 여성에만 국한되지 않았다. 그리스도교에 위배된다고 판단되는 남녀는 모두 마녀로 규정되었다.

마녀를 만드는 것은 민중이었으며, 민중의 혐의나 밀고가 없이는 그리스도교에서도 선뜻 재판권을 발동하지 못했다.

스코틀랜드의 제임스James 6세나 잉글랜드의 제임스James 1세처럼 태풍이 와서 큰 피해를 입게 되자, 이를 마녀의 장난으로 규정해 용의자를 체포하여 처형한 예도 있다. 마녀재판에는 고문이

뒤따랐는데, 심한 고문으로 의식을 잃게 한 다음 자백을 강요하는가 하면 쇠로 만든 장화를 뜨겁게 달구어 신게 하고 자백을 강요하기도 했다.

그 밖에도 발목에 무거운 추를 단 다음 겨드랑이를 로프로 묶어서 도르래로 높은 천장에 닿도록 올렸다가 땅바닥에 내동댕이쳐 자백을 강요하기도 했다. 코가 깨지고 팔다리가 부러져 고통을 참을 수 없게 되면 모든 것을 포기하는 심정으로 사실을 인정하게 된다. 뿐만 아니라 바늘로 눈동자를 찌르거나 입과 코에 고춧가루 물을 붓는 등 온갖 잔인한 고문이 동원되었다. 이런 고문에 못 이겨 마녀임을 자백하면 화형대에 올려져 처형되었다.

이런 처형대에서 온갖 죄를 뒤집어쓰고 죽은 유대인의 수도 헤아릴 수 없이 많다. 이런 속에서도 오늘날까지 유대인이 그 독자성을 잃지 않을 수 있었던 것은 유대인을 에워싼 멸시와 박해가 그 근본이었다면 믿을 수 있을까? 이는 마치 용수철처럼 누르면 누를수록 억눌렸다가 튀어오르는 이치와 같은 것이다. 그러니까 유대인들이 그들의 안전을 도모하기 위하여 쌓았던 물리적인 벽은 언제고 부술 수 있었지만, 유대인들의 정신적인 벽은 박해가 가해질수록 더욱 견고하고 굳건해졌던 것이다.

러시아와 동구권이 계획적으로 유대인을 학살한 포그롬Pogrom도 그렇다. 14세기에서 16세기에 동구권에 정착한 유대인들은 삶의 터전을 따라 러시아에까지 흘러 들어가 살게 되었다. 그러자 그곳에서도 유대인을 박해하는 포그롬이 시작되었다. 이는 제정러시아의 경찰 등이 공권력을 동원하여 계획적으로 국가 주도하에 공공연하게 자행한 박해였다.

살아 남기 위해 공산혁명에 가담한 유대인

제정러시아의 황제들은 말과 행동이 다른, 두 혓바닥을 내보이는 통치를 서슴지 않았다. 일례로 계몽주의를 주창하면서 교육은 전혀 장려하지 않는 등 모순적인 정치를 일삼았다. 또 유대인들에게 농업을 권장해 놓고 토지를 소유하지 못하게 했다. 한편 슬라브족과 유대인들의 화합을 역설하면서 유대인들의 주거를 철저하게 제한했다.

그런 가운데 1801년 알렉산더 1세는 비엔나에 회의를 다녀오고 나서부터 유대인들의 탄압을 노골화했다. 알렉산더 1세를 계승한 니콜라이 1세도 유대인을 강제로 개종시켜 군대에 편입시키는 등 박해를 심화시켰다.

알렉산더 2세는 러시아 은행 설립과 철도 부설에 유대인들의 머리를 빌리는 대신 징병을 면제해 주었다. 그러나 얼마 안 있어 그들을 반차르주의자로 몰아 집단 처형하거나 시베리아로 강제 유배를 보내 격리시켰다.

여기에 알렉산더 3세는 1단계로 개종, 2단계로 강제 이주, 3단계로 집단 학살이라는 조직적인 박해를 가했다. 로마노프 왕가의 마지막 황제인 니콜라이 2세 때인 1881년부터 1921년 사이에 1천여 건의 유대인 학살이 있었으며, 그 결과로 볼셰비키 공산혁명이 일어나게 되었다.

그런데 주목할 것은 공산혁명을 주도했던 인물들이 유대인이었다는 사실이다. 마르크스 이념의 창시자가 유대인이므로 공산혁명을 일으켜 그 기초를 세운 사람들도 유대인이라는 데 이론의 여지가 없을 것이다.

포그롬으로 이래도 죽고 저래도 죽을 수밖에 없는 상황에서 어쩔 수 없이 택한 길이었다. 그러니까 계획적인 유대인 학살이 주요인이었음은 두말할 나위도 없다.

이 무렵 동구 여러 나라에서도 40여 년에 걸쳐 유대인에 대한 박해가 이루어졌는데, 로마노프 왕조 말기 1881~1884년에는 우크라이나 오데사와 키예프, 발타 등의 도시에서 유대인들의 재산 약탈과 살해가 자행되었다.

이 박해를 제1기로 본다면 제2기인 1903년~1906년에는 기시네프, 티모디르, 비알리스톡 등의 도시에서 조직적으로 유대인 살해가 이어졌다. 제3기는 공산혁명 직전으로 우크라이나 프로스쿠로프와 파스토프 등의 도시에서 많은 유대인이 희생되었다.

이 3차에 걸친 포그롬으로 7만여 명이 살해되었다. 이 조직적인 유대인 학살로 튕겨져 나온 저항 세력은 공산혁명에 참여하든지 아니면 시온주의 운동으로 빠져들든지 선택의 여지가 없었다.

이렇게 해서 공산혁명이 성공하자 당 중앙위원 일곱 명 중 네 명인 트로츠키, 카메네프, 지노비에프, 스베르트로프가 유대인이었다. 또한 소련 공산당원 전체의 70%가 유대인이었다. 그러니까 제정러시아의 유대인 박해가 공산혁명이라는 보복으로 결론이 난 셈이다.

시간이 흘러 어느덧 21세기의 찬연한 해방 시대가 도래했지만 유대인들을 바라보는 벽은 아직도 사라지지 않고 있다.

편견 때문에 상인이 된 유대인

로마인들은 어떻게든 유대인을 비유대인으로 만들기 위해《탈무드》를 공부하는 것을 엄격하게 금지시켰다. 그런 중에도 유대인들은 숨어서《탈무드》를 공부했는데 20권의《탈무드》중 1권만 끝내도 대단한 경사로 여겨 성대한 잔치를 베풀었다. 이런《탈무드》가 수레에 실려 와 불태워지고 찢기고 오려지는 수난을 겪은 것이다.

혹《탈무드》를 보관하고 있다 발각되면 그리스도교의 교리에 위배되는 행위를 했다고 하여 재판에 회부되어 마녀 사냥감이 되기도 했다.

20세기에 들어와서도 가슴에 유대인이라는 기장을 달고 다니게 하는 차별이 행해졌다. 로마 교황은 유럽의 모든 유대인들에게 황색 모자를 쓰도록 명하고 배지를 달고 다니도록 했다. 그런가 하면 1239년에는 그레고리우스 9세가 유대인들이 창고 깊이 소장하고 있던《탈무드》를 몰수하여 불태우도록 했다. 1244년에는 파리와 로마에서 일반인들이 간직한 것까지 찾아내 모조리 불태웠다. 1533~1534년에 이탈리아에서도, 1558~1559년 로마의 곳곳에서《탈무드》를 찾아내 수레로 끌고나와 불살랐다. 1577년에는 동유럽과 천주교회까지 직접 관여하여《탈무드》를 오려내고 찢어내는 등 말로는 할 수 없는 만행을 저질렀다.《탈무드》를 읽다 보면 내용이 연결되지 않는 부분이었는데 이는 검열에서 찢겨 나간 부분 때문이다.

이렇게 수집되어 소각된 책 중에는《신약성서》도 있었는데 그 양이《탈무드》에 버금갈 정도로 많았다고 한다. 여기서 특기할 만한 것은 히브리어로 된《구약성서》는 한 번도 불살라진 일이 없다는 점이다. 그러니까 시나고그가 약탈자들에 의해 불살라진 일이 한두 번이 아니었는데도 모세의 율법인 토라만은 온전했다는 이야기이다.

이는 유대인이 그리스도교로 개종하지 않는다고 해서《탈무드》는 불태웠지만《구약성서》 토라는 경애되고 있었다는 증거이다. 즉, 유대인이 제물을 바치기 위해 사람을 살해한다는 것도, 성찬식의 떡을 모독했다는 말도 그리스도교로 개종한 유대인이 꾸며낸 허위라는 사실이 밝혀졌는데, 이 또한 일말의 여운을 남긴다.

그중에 나치스는 유대인들이 쓴 책이라면 무조건 수거하여 불사르는 폭행을 일삼았다. 그래서 인간을 잡아먹는 아프리카 식인종과 인간을 죽여서 비누를 만들었던 독일인 중 어느 편이 더 문명적이냐고 질문을 던지는 조크가 나오기도 했다.

여기서 주목할 만한 사실이 있다. 기원전 70년에 이스라엘이 정복당하고 젖과 꿀이 흐르는 땅 팔레스타인에서 쫓겨난 뒤 유대 민족에겐 한 명의 농민도 없었다는 사실이다. 중세 유럽인들이 유대인은 토지를 소유할 수 없게 금지시켰기 때문이다. 토지를 가질 수 없도록 법으로 통제했기에 소유가 불가능했던 것이다. 그러다 보니 유대인들은 자연스럽게 장사의 길로 들어설 수밖에 없었다. 이는 중국의 상商나라가 망하자 기득권자들이 재산을 갖고 탈출해 장사로 생계를 유지하였던 것과 같다. 중국에서 장사를 하는 사람은 상나라 사람이라는 말이 오늘날 '상인商人'이 된 것과 같은 맥락이다.

또 영국은 셰익스피어가 태어나기 전에 모든 유대인이 추방되어 한 사람도 없었다. 그런데도 작품 속에서 '샤일록(《베니스의 상인》에 등장하는 유대인 고리대금업자)'과 같은 등장인물을 세워 유대인에 대한 편견을 드러냈다.

한편, 그리스도교도들이 금전을 멸시하고 있었을 때 유대인들은 은행 제도를 만들어 돈을 효율적으로 유통시켰다. 영주들만이 많은 금전을 소유하고 일반인들은 적은 금액만 소유하고 있을 때 대차對借를 통해 돈을 빌려주고 빌리는 유통을 도와 경제를 활성화시킨 것이다.

이처럼 열정적으로 상업에 종사했던 유대인들은 당시 아무도 할 수 없었던 비전을 사회에 던져 주면서 발전의 기틀을 만들었다. 하지만 유대인들은 길드guild, 즉 조합에 가입하는 것도 금지되었다. 유대인들은 자연히 제조업에 종사하거나 상인이 되는 길밖에 없었다.

제조업에 뛰어든 많은 유대인들은 여기서 또 하나의 벽, 길드에 발목을 잡히고 말았다. 조합으로부터 제외된 유대인들은 단순한 상호 부조만이 아니라 길드에서 시행하는 체제에서 자유로울 수 없음은 물론 복수의 벌칙까지 받아야 했다. 카알 대제와 가톨릭교회가 집권적 교화 정책을 폄으로써 더 심한 불이익을 당하게 되었다. 조합에 가입하지 못하게 해놓고 조합원 이외는 영업을 금하는 등 유대인들에 대한 차별의 실태는 참으로 다양했다.

또 다른 한편으로, 유대인은 돈이 많다는 편견이 존재한다. 이는 유대인들이 금융업에서 두각을 나타내자 붙여진 단견이다. 금융업이야말로 중세 유럽 경제를 도약시킨 유대인들의 공헌이었다. 금융업의 발전은 중세 유럽 발전의 핵심이 되었으며 봉건제도가 붕괴되는 단초를 제공했다. 흉년이 들면 농민들은 다음해에 파종할 종자를 사기 위해 돈을 꿀 수밖에 없는 형편이었는데, 지배 계급에게 매달리는 것이 아니라 유대인이 경영하는 은행으로 쫓아갔기 때문이다.

일반 농민들은 가축이 병들어 죽거나 살림이 어려워 가축을 새로 사야 할 때면 영주에게 매달려야 했는데, 대신 은행으로 가게 되었다. 식량이 떨어져 굶주릴 때도, 세금이 밀려 시달릴 때도, 영주에게 바칠 소작인의 납부 금액도 은행에서 돈을 빌려서 막았다. 그런가 하면 귀족들도 큰 성을 사거나 팔 때, 그 외 많은 돈이 필요

할 때는 유대인이 경영하는 은행으로 달려갔다. 교회조차 대성당을 짓거나 벽화를 발주할 때는 은행에 손을 내밀었다.

그런 주요 역할을 유대인이 담당하여 일을 도모하다 보니 유대인은 돈이 많다는 이야기가 나오게 된 것이다.

그런데 여기서 중요한 것은 그리스도교인들의 정서이다. 그리스도교인들은 은행을 금융이라고 부르지 않고 '고리대금'이라 불렀다. 고리대금이라고 하면 부당하게 비싼 이자를 받는 것을 의미하지만, 중세 때는 아무리 낮은 이자라도 이자를 받고 돈을 빌려주는 것은 죄라고 생각했기 때문이다. 또한 돈을 빌려주고 이자를 받으면 그 영혼은 지옥에 떨어져 구원을 받지 못한다는 생각을 가지고 있었다.

그러니까 그리스도교인들의 입장에서 보면 죄짓고 지옥에 떨어질 사람을 고리대금업에 세워놓고 그들이야 지옥에 떨어지든 말든 이용만 하자는 것이었다. 이는 일을 하면 안 되는 안식일에 유대인들이 자신을 대신해 다른 사람에게 일을 시키는 것과 마찬가지였다.

《탈무드》는 고리대금을 살인에 비교한다. 그래서 랍비들이 모여서 허용할 수 있는 이자율을 정하게끔 되어 있다. 그러나 중세의 그리스도교에 대한 금융 이자를 정한 것은 랍비가 아니라 교황이나 황제, 왕이었다.

이처럼 실권이 유대인 금융권에서 그리스도교 금융으로 넘어오자, 이자율이 극심해 교황들조차 그리스도교의 대금업은 무자비하다고 비난하는 사태에까지 이르렀다. 그래서 단테의 《신곡》에서 고리대금업자를 연옥에서도 최하층에 갇힌 자로 묘사하게 되었던 것이다.

그러자 영국, 프랑스, 이탈리아 등지에서 유대인이 다시 대금업을 하도록 허가해 달라고 했으나 허락하지 않았다. 이렇듯 시작은 유대인들이 했지만, 그 열매는 황제나 왕들이 차지하고 나머지는 그리스도교인들이 빼앗는 식으로 항상 따돌림을 받았다.

그 후 유대인들이 살았던 곳을 보면 땅은 척박하고 그들의 삶은 궁핍하기 그지없었다. 하지만 속박에서 해방되자 유대인들은 근면과 성실로 상층부로 옮겨가는 데 그리 오랜 시간이 걸리지 않았다.

유대인과 탈무드

유대인들은 기도의 의미를 '히트파렐'이라 한다. '히트파렐'은 '스스로 평가한다' 혹은 '자기를 달아본다'는 의미다. 이는 여호와 앞에 자기가 얼마만큼이나 부응했는지 재본다는 의미를 가지고 있다. 유대인들은 기도할 때 소원을 이루어 달라고 하지 않는다. 다만 자기 행위가 얼마나 옳았는지, 얼마만큼 세상을 옳게 만들었는지를 스스로 평가하는 기도를 한다.

자기가 구하는 것, 자기가 갈망하는 것을 기도하는 것은 여호와에게 욕망의 향수를 뿌리는 것이라고 생각한다. 진정한 기도는 '신이 바라는 자기'를 만들어 신이 만족하는 것이다.

《탈무드》는 그래서 '스스로 할 수 있는 일을 하나님께 기도하지 말라'고 가르친다. 그리고 스스로 겸허해지는 마음가짐을 가지라고 말하고 있다.

《탈무드》는 전체 6부로 농업·제사·민법·형법·사원·순결·불순결로 이루어져 있다.

그 구성에는 일정한 규칙이 있는데 반드시 미쉬나Mishna라는 부분에서 시작한다. 미쉬나는 유대인들의 율법을 말하며, 이는 족장 혹은 랍비들이 편집한 구전 율법으로 수집본을 일컫는다. 이 미쉬나는 200년경에 편찬되었으며 겨우 500g의 작은 책으로, 후에 논의와 토론 부분을 정리하여 실은 것이《탈무드》이다. 즉, 초대교회 당시 유대인들의 저작 모음집이다.

앞에서 잠시 언급되었지만《탈무드》는 할라카라고 하는 토론 부분으로, 유대인의 윤리 도덕 법칙과 제의와 유대인의 생활방식을 예시한 가르침을 말한다. 즉, 할라카는 법률적이지만 인간의 모든 일이 하나님을 섬기는 일과 관계가 있도록 하여 신의 뜻에 절대성을 확립하는 데 깊은 의미를 두고 있다.

할라카와 더불어 학가다는 토론 부분이다. 학가다는 히브리어로 '설화'라는 뜻이다. 할라카가 율법적이라면, 학가다는 설화적인 것으로 내적 경건과 종교적 헌신에 목적을 둔다. 할라카가 유대 민족에게 의무를 가르쳐 준다면, 학가다는 그 의무를 수행하고자 하는 마음의 의지를 어떻게 다지게 하는가이다. 유대인들은 세계에서 종교 계율을 가장 잘 지키는 민족이라고 알려져 있지만, 그들의 말 속에 종교라는 낱말은 없다. 그것은 생활이 곧 종교 그 자체이므로 종교라는 말을 따로 떼어 생각할 필요가 없기 때문이다.

부언하자면, 할라카는 유대인의 생활로, 제사·예술·식사·건강·언어·대인관계 등 모든 행위가 이에 속한다. 이를테면 그리스도교인은 그리스도교를 믿으면 기독교인이 되지만, 유대인은 오직 할라카에 맞는 행동을 해야만 유대인이 되는 것이다.

학가다는 탈무드의 3분의 1을 차지하는데 철학·신학·역사·도덕·시·속담·성서 해설·과학·의학·수학·천문학·심리학·형이상학 등 인간의 지혜가 담겨 있는 부분을 말한다.

그러나《탈무드》의 예로 제시한 말 중에는 7년 동안이나 토론을 벌였지만 끝내 결론은 '모른다.'였다는 이야기가 실려 있다. 그런《탈무드》에 남자의 일생을 일곱 단계로 구분하여 다음과 같이 말하는 부분이 있다.

첫째 단계는 한 살로, 모심을 받는 왕의 단계이다. 사람이 태어나서 한 살 때는 모든 사람이 안아주고 달래주고, 불면 날아갈까 떨어지면 다칠까 돌봐주는 왕자의 단계이다.

둘째 단계인 두 살 때는 돼지와 같은 단계이다. 똥을 싸놓고

도 울기만 하고, 이것저것 할 것 없이 손에 잡히기만 하면 입으로 가져가 늘 돌봐줘야 하기 때문이다.

셋째 단계는 열 살로, 어린 양과 같은 단계이다. 미운 다섯 살이라는 말이 있지만, 열 살은 세상 물정을 막 터득할 시기로 부모에게 기쁨을 주고 티없이 밝은 표정으로 세상을 펼쳐 나갈 원대한 꿈을 키워 비상을 준비하는 기간이다.

넷째 단계는 열여덟 살로, 말과 같은 단계이다. 몸집이 커지고, 지금까지 고삐 풀린 망아지처럼 제멋대로였다면 이제 부모의 품을 벗어날 때가 되어 이성에 눈을 뜨는 단계이다. 스스로를 제어하지 못해 과시하고 싶고, 세상을 향해 날고 싶은 원대한 꿈을 갖는 시기이다.

다섯째 단계는 청년기로, 당나귀 같은 단계이다. 이제 짝을 만나 장가를 가고 고삐 채인 당나귀가 되어, 무거운 가정의 짐을 지고 사회의 일원이 되어 힘겹게 터덜터덜 걸어야 하는 시기이다.

여섯째 단계는 중년기로, 개의 단계이다. 가족을 부양하기 위해 뭇사람의 눈치를 보면서 사리를 판단하고, 서로 공대하면서 수평을 유지하되 부양할 가족을 위해 소신을 꺾거나 자기의 고집을 접는 시기이므로 개로 비유한 시기이다.

일곱째 단계는 노년기로, 원숭이 단계이다. 사람이 나이가 들어 노년이 되면 어린이처럼 온순해지지만 아무도 관심을 가져주지 않으므로 노년의 쓸쓸함과 고독을 느껴야 하는 연민의 시기이기 때문이다.

이처럼 여러 단계로 상세하게 인생을 논하고 있지만, 위에서 말한 대로 결론은 '모른다.'가 정답일 수 있다. 아무리 세분하여 설명하여도 결코 그것이 정답이 될 수는 없기 때문이다.

유대인의 대사면 희년

유대인에게 있어서 랍비는 교사요, 재판관裁判官으로서 계율에 따른 온갖 문제를 처결한다. 예를 들면 월경 중에 성교는 안 된다든지, 금전이나 재산상의 쟁의를 판결한다든지, 집안의 대소사에 관한 애매한 문제를 해결해 주는 것이다.

특히 돈을 꿔주고 이자를 받는 기준은 시대에 따라 다른가 하면, 《성서》에서도 그 기술 방법이 다르다. 이런 복잡한 문제까지도 《탈무드》의 지혜를 빌어 랍비들이 해결해 준다.

한때 랍비들은 이자를 받아서는 안 된다는 토라의 근거를 들어, 이자 받는 것을 금지해야 한다고 주장했다. 그런데 유대교의 주장과 달리 예수 그리스도는 이자를 받는 것을 금하지 않았다.

유대인들은 중세 시대를 거치면서 오늘날의 자본주의 사회처럼 돈도 상품과 다를 바 없다는 생각을 갖게 되었다. 그래서 소, 양, 말 등을 번식시키는 것과 씨를 뿌려 곡식을 수확하는 것이 금전에 이자를 붙이는 것과 다르지 않다고 생각했던 것이다.

이렇게 이자에 이자를 놓고 또 이자를 생각하다 보니 복리 계산이라는 것이 나오게 되었다. 유대인들의 사회에서 유대교를 믿는 신도들이 이처럼 이자 놀이를 해서 오늘날에 말하는 '경제적 동물'이라는 말이 나오게 되었다. 더불어 원금에 대해서만 이자를 붙이는 단리계산 방법과, 이자에 이자를 붙이는 복리계산 방법은 유대인들의 금융경제에서 기인한 것이다.

모세 5경인 신명기 15장에는 매 7년 끝에 빚을 없애주는 해로 면제의 규례를 제시하고 있다. 그러니까 '이웃에게 꾸어준 것을 면제하고 독촉하지 말지니 이는 면제년이니라.'고 기록하였다.

또 모세 3서로 불리는 레위기 25장에서는 '6년 동안 주어진 땅에 6년 동안 파종하여 포도원을 다스려 그 열매를 거두라. 제7년에는 땅으로 쉬어 안식케 하라. 그리고 안식년에 맺은 열매는 거두지 말라. 그 열매는 너의 남종과 너의 여종, 그리고 품꾼과 너의 육축과 들짐승들이 다 섭취하리라. 일곱 안식년을 일곱 번 동안 곧 사십구 년 칠 월 십 일은 속죄일이니 오십 년을 거룩하게 하라. 또 너희의 그날은 희년禧年이니 첫째, 모든 이스라엘인에게 자유를 선포하라. 둘째, 가난 때문에 조상의 소유를 팔았거든 돌려받아라. 셋째, 땅을 쉬게 하라.'고 하면서 50년째를 희년으로 정하고 있다.

그러니까 7년째, '빚을 없애주는 해'에는 빚을 탕감해주는 것이 유대인들이 지켜야 할 율법이다. 이 율법은 유대교에서 가난한 사람들을 돌보기 위해 마련한 고육책인 동시에 민족의 대동단결을 꾀한 정책이었다.

희년을 뜻하는 '요벨의 해year of Jubilee'라는 말은 '숫양의 뿔나

팔'을 의미한다. 레위기 25장 9절에 '칠 월 십 일은 속죄일이니 너는 나팔 소리를 내되 전국에서 나팔을 크게 불며'라고 해, 오십 년을 거룩하게 하라는 데서 연유한 것이다.

희년은 '유대 민족이 가나안Canaan 땅을 정복하여 지금의 시리아 지방으로 들어간 해부터 헤아려 50년마다의 해'로 공포되었는데 세 가지의 특징이 있다.

첫째, 나라의 어떤 사람에게 소속되어 있든 노예로 있는 모든 이스라엘인은 자유인이 된다.

그래서 율법은 희년이 가까울수록 노예의 값을 다르게 규정지을 수 밖에 없었다.

둘째, 가난 때문에 조상의 소유물을 판 사람에게 그 소유물을 산 사람은 다시 돌려주어야 한다. 그 당시에는 땅덩어리를 영원히 파는 것을 금지시켰다. 그래서 희년이 다가올수록 값을 조정해야만 했다.

셋째, 땅을 쉬게 해야 한다. 이전 안식년에 묵혔던 땅을 희년에 다시 묵히도록 하는 것은 검소하게 살아야 한다는 희년의 뜻을 되새기게 하려는 것이다.

가톨릭에서도 그 정신을 이어받았는데, 다만 요벨을 유빌레움Jubilwum 대희년으로 선포하여 완전 사면을 행하고 있다. 유빌레움이나 요벨은 가난한 사람을 배려하는 훌륭한 제도였다. 이자에 이자를 붙이다 보면 돈이 없어 빚을 진 사람은 평생 빚에 빠져 헤매게 되므로, 이런 사람에게 광명을 주는 제도이기 때문이다. 같은 백성들이 빚과 이자에 시달리는 부조리를 차단하고 공정하게 다시 시작하는 단초를 만드는 일은 쉽지 않은 일이지만 꼭 필요하다.

Chapter 2

유대인의 상술

처음 정가定價제도를 시행한 유대인

유대인들은 물건을 파는 데 뛰어난 재주를 가지고 있다고 알려져 있다.

비즈니스에서 물건을 싸게 사들여 비싸게 팔려고 하는 것은 당연한 일이다. 그러나 물건을 깎는 것과 사람을 속이는 것은 다르다.

쌍방이 합의한 물건 값은 정당한 비즈니스 행위라 할 수 있다. 유대인들은 물건을 팔 때 구매자가 값을 깎는 것을 싫어한다. 상품 값을 깎는 것은 자기의 위신에 관계된 일이라고 생각하기 때문이다. 그래서 유대인들이 세계에서 제일 먼저 정가판매定價販賣를 실시했던 곳이 디파트먼트 스토어Department store이다.

디파트먼트 스토어란 미국에 와 있는 유대인들이 맨 처음 설치한 백화점이다. 즉, 상품을 정가대로 팔고 많은 물품을 다양하게 갖춘 상점이다. 킴블이니, 메이신, 니만마가스니 하는 디파트먼트 스토어는 모두가 유대인들이 경영한 곳들이다.

유대인들은 미국에 이민 와서 처음에는 손수레를 끌고 이 골목 저 골목 다니며 물건을 팔았다. 수레 한 대에 물건을 싣고 다니며 팔던 것을 나중에는 건물 안에다 가지런히 진열해 놓고 팔았다.

유대인들이 장사꾼이 된 것은 살아나갈 방도가 그 길밖에 없었기 때문이다. 허용된 비즈니스에도 한계는 많았다. 상류사회와 교제가 허용되지 않았고, 클럽에도 가입할 수 없었으며, 골프클럽의 회원도 될 수 없었다. 그런 입장에서 유대인들이 새로운 영역을 개척해 나갈 수밖에 없었던 것이 상거래였다.

유대인이 샤일록인가?

유대인에 대한 이미지는 셰익스피어의 《베니스의 상인》에 나오는 샤일록Shylock에 의해 잘못 굳어졌다. 눈물도 피도 없는 냉혹한 모리배로, 이익에 눈먼 고리대금업자로 그려진 것이다.

그러나 작가 셰익스피어는 유대인을 만나본 일이 없다고 한다. 그도 그럴 것이 셰익스피어가 살던 때에 영국에는 유대인이 한 사람도 없었다. 셰익스피어가 태어나기 전에 유대인들은 영국에서 모조리 쫓겨났기 때문이다. 그러니까 셰익스피어는 전해 들은 이야기의 토대 위에 자신의 상상력을 더해 악역 등장인물 유대인 샤일록을 만들어낸 것이다.

《베니스의 상인》은 훌륭한 문학 작품임에는 틀림없다. 그래서 세계 각국어로 번역되어 읽혀지고 있다. 그러나 유대인의 입장에서 본다면 이 작품이야말로 위험한 작품이라고 할 수밖에 없다. 셰익스피어의 이 작품을 읽은 세계의 모든 사람들은 특별한 근거 없이 유대인은 악한 사람이라는 인식을 갖게 되었다.

작품 속에서 샤일록은 돈을 빌려주면서 약속한 날짜에 그 돈을 갚지 못하면 신체의 일부를 도려내기로 서약하게 한다. 그는 신체적 위해가 목적이 아니라 약속을 지키게 하기 위해 조건을 붙인 것인데, 작품 속에서는 약속 같은 것은 뒤로하고 오직 위해 부분만 강하게 부각시키고 있다. 당시 유럽을 지배하고 있던 유대인에 대한 반감이 작용한 결과로 보여지는 대목이기도 하다.

셰익스피어가 유대인을 제대로 알지 못하면서도 교활하고 냉혹하다고 분통을 터트림으로써 세계의 모든 사람들도 덩달아 유대인을 같은 시각으로 평가했던 것이 지금까지의 태도였다.

유대인의 상술

유대인들은 위에서 말한 대로 장사를 잘하는 사람들이라고 알려져 있다. 모든 장사는 고객이 있어야 거래가 이루어진다. 따라서 장사를 잘한다는 말은 고객 제일주의를 잘 실천하고 있다는 말이기도 하다.

미국 내에서 2%도 안 되는 유대인이 미국은 물론, 세계의 상권을 쥐고 흔드는 것은 고객을 주인처럼 받들기 때문이다. 즉 소비자들 위에 군림하는 것이 아니라 뒤에서 서포트하며 문제의 현장에 있었다는 의미이다.

스미스 앤 호킨Smith & Hawkin의 설립자는 자기가 일을 할 때에는 토끼를 쫓는 사냥개와 같이 뛴다고 말했다. 뒤에서 후원만 하는 것이 아니라 전면에 나서서 직접 문제를 해결한다는 말이다.

회사는 혼자의 힘으로 이끌어 가는 것이 아니다. 지평을 넓혀줄 수 있는 두뇌맨들이 있어야 하고, 끊임없이 샘솟는 아이디어가 뒤따라야 지속적인 발전이 가능하다. 따라서 끊임없이 정보를 입수하고, 입수된 정보를 분석하는 혜안을 가져야 한다. 그래야 비로소 대안이 나오고, 대안이 서야 일을 힘있게 추진해 나갈 수 있는 것이다.

유대 역사 5천 년을 보면 약소국가로서 불리한 교섭이 수없이 많았다. 그러나 그들은 고도로 세련된 상술로 승리를 얻어내 역사를 유지해 왔고, 마침내 일으켜 세웠다. 그래서 유대인들의 상술이야말로 세계 최고의 수준이라고 말할 수 있다.

유대인들은 협상이 불리하더라도 두려워할 것이 없다고 말한다. 그들은 협상의 마지막 순간에 의미를 부여하고 잘 활용한다. 어떤 협상이든지 여유 있게 나서는 사람이 항상 유리한 고지에 설 수 있다는 묘미를 알기 때문이다.

유대인들의 정직성

유대인들은 신 여호와에 대한 불평도 기록으로 남겼다. 《탈무드》에 여호와는 많은 민족 가운데 유대인을 선택했다고 하는데 왜 하필 우리 유대인을 선택했는가에 대한 내용도 나온다.

만일 신 여호와가 이 세상에 살고 있다면 여호와의 집 유리창은 한 장도 남아 있지 못했을 것이다. 불평하는 사람들이 돌을 던져 유리창을 다 깨버렸을 것이기 때문이다.

그리고 다음과 같은《탈무드》의 기록을 남겼다.

여호와는 얼마나 공정하고 옳은가? 부자에게는 음식물을 주고 가난한 사람에게는 식욕을 주지 않았는가?

여호와에 대해서는 질문을 해선 안 된다. 듣고 싶다면 하늘로 올라가라.

여호와는 가난한 자를 사랑한다. 그리고 부자를 도와준다.

여호와는 사람을 세 단계로 저울질한다. 어렸을 때는 어느 허물도 용서해준다. 청년이 되면 무슨 목표를 세웠는가를 저울질한다. 나이가 들면 여호와는 그가 회개하기를 간절히 기다린다.

믿음의 조상 아브라함이 우상숭배하는 노인을 개종시키기 위해 밤새도록 권유했다. 그래도 노인이 듣지 않자 아브라함은 그 노인을 단념하고 집으로 돌아와버렸다. 그러자 여호와가 아브라함 앞에 나타났다. 나는 네가 나를 믿어주도록 70년을 기다렸다. 그런데 너는 하룻밤 기다리더니 가버리느냐?

유일신 여호와는 절대적인 신이다. 그런데 유대인은 그 절대신과 계약을 맺었다. 그래서 유대인은 자신을 선택받은 민족이라고 규정하고 있다.

그럼 선택은 여호와의 것인가? 유대인의 것인가?

유대인들의 정직성은 이런 것에도 자유롭다.

유대인들은 항상 상대의 처지를 먼저 이해하기 때문에 편리한 대로 하라고 권한다. 그리고 곧잘 이런 말을 인용한다.

'맛있는 음식이라 해도 배부른 사람에게 계속 권하면 그것은 고통이 된다. 마찬가지로 아무리 뛰어난 제품이라도 구매자가 원하지 않는 상품은 팔리지 않는다. 따라서 배고픈 사람에게 음식을 주듯 고객이 원하는 것이 무엇인가를 알아내 그것을 제공해야 한다.'

고객이 원하는 것, 그것은 고객이 필요로 하는 것이다.

시장 바닥을 훑고 다니면서 고객의 심리에 맞는 물건을 찾아내야 한다. 또 제품에 대한 불만을 찾아내 문제가 되는 부분을 해결해야 한다.

비록 작은 문제라 할지라도 그것이 쌓이고 쌓이면 시장 전체로 번져 고객을 내쫓는 결과가 된다.

유대 속담에 '두 귀를 거리에다 대고 기울이라.'는 말이 있다. 밖으로 나가 제품을 폭넓게 관찰하고 시장의 흐름이 어떻게 변화하고 있는지 주목하면 기회를 잡을 수 있다는 말이다. 유대인들은 비즈니스에서도 높은 도덕 수준을 끊임없이 요구한다.

'물건을 지나치게 비싸게 팔아서는 안 된다.'는 말도 생활 속에서 얻어낸 구체적인 방법이다.

또 물건의 품질까지도 상세하게 규정하고 있다. 말이나 행동에 대해서도 구체적으로 적시하여 생활 속에 녹아들게 한다.

사람에게 귀와 눈은 둘인데, 왜 입은 하나일까?

이는 입으로 말하기 전에 먼저 두 배로 듣고, 두 배로 관찰하라는 뜻이 담겨 있다는 것이다.

유대인들은 거짓말이나 이중적인 태도에 대해서는 경계를 늦추지 않는다. 특히 성직자라든가 지도자급에 있는 사람이 그런 태도를 보일 때는 눈살을 찌푸린다. 다음은 그 예인데, 성직자 목사를 지칭한 점 양해를 바란다.

어느 목사가 부모들에게 아이들을 사랑하라고 설교하였다. 어린 아이들을 때리거나 큰소리로 꾸짖지 말고 온화한 사랑으로 감싸주어야 한다고 가르쳤다.

어느 날, 교회 앞 한길의 포장이 망가지자 목사가 시멘트를 사다가 말끔히 고쳐 놓았다. 그리고 막대에 줄을 묶어 울타리를 치고 푯말을 세웠다.

'시멘트를 발라 놓았으니 주의하십시오!'

그런데 이튿날 아침에 나와 보니 아이들의 발자국이 여러 개 나 있었다. 목사는 화를 내며 큰소리로 아이들을 향해 '망할 자식들'이라면서 나무랐다. 그러자 옆에서 지켜보던 목사의 부인이 말했다.

"평소에 당신은 아이들을 사랑하라고 말하지 않았던가요?"

목사가 말했다.

"그야 말을 잘 듣고 사랑받을 수 있는 아이들이라야지, 이렇게 말썽을 부리는 녀석들이라면 당연히 꾸지람을 들어야지요."

성서에는 한 입으로 두 말을 하는 동물을 뱀에 비유하고 있다. 이랬다 저랬다 하는 것을 뱀의 갈라진 혀에 빗댄 것이다.

그리스도교는 사랑의 종교인 데 반해 유대교는 계율의 종교이다. 사람들은 흔히 사랑의 종교가 계율의 종교보다 차원이 높은 것이라 생각한다. 그런데 사랑의 종교에는 추상적인 가르침만 있지, 실생활에 적용할 도덕적 계율이 없다는 것이 유대인들의 반론이다. 유대인들 의식의 저변에는 딱 꼬집어 말할 수 없는 그 무엇인가가 있다.

유대인들에게는 유대인들만의 노래가 있다.

'유대인 아닌 자는 술에 취해 곤드라지네. / 술을 좋아하니 안 마실 수가 없네. / 그래서 또 술에 취해 곤드라지네.'

이 노래에는 술에 취해 있는 자는 유대인이 될 자격이 없다는 뜻과 유대인 아닌 자들의 방탕함을 은근히 비꼬는 뉘앙스가 담겨 있다. 그래서 유대인들은 이 노래를 다른 사람에게 들려주기를 좋아하지 않는다.

비즈니스맨은 술자리에서 거래를 성사시키기도 하므로 기분 좋게 한잔하는 것은 나무랄 이유가 없다. 그런데 한 잔 두 잔 마시다 보면 내일은 없고 오늘만 있는 것처럼 마셔대게 된다. 이런 분별없는 행위는 다음 날 새로운 계획을 구상하는 데 막대한 지장을 초래한다.

그러나 유대인들의 십중팔구는 이튿날 지장이 있을 정도로 과도한 술을 마시지 않는다. 그래서 유대인들은 술자리에서 교활한 친구로 따돌림받는다.

유대인과 돈

'돈'을 히브리어로 '키소'라고 한다. 앞에서 드라크마의 돈과 데나리온의 돈에 대해 언급한 바 있지만 유대인들의 돈에 대한 관념을 다시 한 번 짚어본다.

우리말에 '돌고 도는 것이 돈'이라는 말이 있다. 이처럼 돈은 일정한 장소에 한정되어 있지 않다. 돈이라는 말은 상품의 가치를 표현해 주고, 그 유통을 매개해 준다는 뜻이 강하다. 돌고 도는 것이 돈이라는 뜻으로 보면 그렇다. 그러나 돈을 '가치의 척도'로 보면 축적의 목적물이 될 수도 있다. 그래서 우리나라 속담에 '돈만 있으면 개도 명첨지다.'라고 했으며, '돈만 있으면 호랑이의 눈썹도 빼오고 귀신도 부릴 수 있다.'고 했던 것이다.

유대인들은 돈에 대한 장구한 역사를 가지고 있다. 그리고 이자에 대한 견해도 시대에 따라 여러 가지로 분류되고 있다. 사전적으로 설명하자면 '채무자가 화폐 이용의 대가로 채권자에게 지급하는 금전'이라고 할 수 있다. 이윤이 장사를 해서 남긴 이익이라면, 이자는 금전적 이문利文이나 변리邊利라고 할 수 있다.

성서에 '가난한 자에게 돈을 빌려주고 그에게서 이자를 받으면 안 된다.'고 쓰여 있어 가난한 사람에게 이자를 받는 것을 금하기도 했다. 그러나 그리스도 시대의 성서에는 다음과 같은 이야기가 나온다.

'주인이 여행을 떠나면서 세 사람의 종들에게 각각 1달란트씩 돈을 주었다. 그중 한 사람은 그 돈을 땅에 묻어 두었다가 주인이 돌아오자 파내어 돌려주었다. 그러자 주인은 이렇게 말했다.

"너야말로 악하고 게으른 종이다. 내가 심지 않은 데서 거두고 뿌리지 않은 데서 모으는 사람인 줄 알았다면 그 돈을 필요로 하는 사람에게 꾸어 주었다가 나에게는 이자를 붙여서 돌려주어야 할 것이 아니냐."(마태 25장~27)

이는 돈을 섭리적 관점에서 바라본 그리스도의 생각을 피력한 것이라고 말할 수 있다.

중세에 접어들면서 돈도 상품과 마찬가지로 이윤이 붙어야 된다고 생각하기 시작했다.

돈에 이자를 붙이는 일이 소·양·말 따위가 번식하는 일이나 종자를 뿌려 농작물을 수확하는 일이 다르지 않다고 생각했던 것이다. 돈에 대한 문제나 재물에 대한 인식은 환경에 의해 형성된 것이라고 할 수 있다. 게토에서 하루하루를 간신히 연명하다 보니 살아남기 위해 상황에 맞추고, 틈만 있으면 교묘히 파고들어 기회를 포착했던 것이다. 그들은 귀를 쫑긋 세우고 바람소리에도 반응하는 토끼마냥 변화하는 상황에 맞추어 신속하게 판단함과 동시에 순간적인 능력을 발휘하는 재간둥이였다.

여기서 새겨들어야 할 것은 앞으로 질주하는 차를 브레이크를 밟아 정지시키듯이 성서의 말씀대로 빚을 없애주는 7년째의 해와 50년째의 희년禧年, 즉 요벨Jubile의 해 등이 그들에게 제동을 걸었다는 것이다. 7년째는 '빚을 없애주는 해'로서 그해 말에 채권자는 빌려준 돈을 탕감해 주어야 한다고 계율로 정하고 있다.

이런 제도는 유대인 사회에서 가난한 사람들을 보호하기 위한 정책이었다. 특히 이 시대의 노예는 물건과 같이 취급되었다. 그런데 노예를 샀을 때에도 7년째에는 자유의 몸으로 풀어 주어야 한다. 무상으로 반환하고 해방시켜 주었다. 또 7년째가 다가오는 걸 알고 재물을 빌려주기를 거절하는 자에게는 그 탐욕을 막는 벌칙까지 있었다. 또한 노예를 자유의 몸으로 풀어줄 때는 빈손으로 내보내서는 안 되었다.

또 안식년이 있었는데, 이는 6년 동안 경작한 밭을 7년째에는 완전히 쉬게 하는 것을 말한다.

안식년에는 모든 밭일을 허용하지 않는다. 경작하지 않는데도 자연히 맺은 열매는 이방인이나 가난한 사람들에게 나누어준다. 땅은 하나님이 주신 것이니 7년째에는 하나님에게 돌려드려야 한다는 발상에서 비롯된 것이다.

안식년을 일곱 번 되풀이하면 49년이 되고, 49년이 끝나는 해가 50년이 된다. 이 50년 되는 해가 희년이다. 희년은 매입한 부동산을 원 소유자에게 무상으로 반납하는 획기적인 해이다. 이는 토지가 무제한으로 매매되면 대지주와 소작민 사이에 빈부격차가 커질 수밖에 없으므로 이러한 국면을 해소시키고자 제정한 것이다.

유대인들이 남에게 의존하여 살기 시작한 것이 바로 이집트에서 노예 생활을 할 때부터다. 그때 유대인들은 역사가 역행한다고 생각하여 대단한 경계심을 가지고 있었다. 남이 베푸는 자비에 익숙해지고 타성에 젖어 빚을 지고 있다는 것도 잊은 채 누군가의 도움을 받지 않으면 안 되는 상태로 스스로 속박되어 가는 것을 극도로 경계한다.

유대인들은 인격적인 자유가 경제적 독립에서 비롯된다고 생각한다. 이러한 생각은 오늘날의 유대를 만들고, 그들의 의식과 생활방식을 바꾸어 놓는 데 근원적인 동기가 되었다.

랍비들은 '사람은 항상 노동을 사랑하여 일에 힘써야 한다. 왜냐하면 천지를 창조하신 신도 모든 것을 끝내고 나서 휴식을 취했기 때문이다.'라고 가르치고 있다.

유대인들은 노동이 고통을 동반하는 것이라 해도 신에 대한 충성의 표시이며, 창조적 행위에 참가하는 것이라고 생각한다. 노동은 신이 천지창조 때 행한 행위이기 때문에 신성한 것이라는 인식이다. 히브리어로 '아보트'는 노동을 의미하지만 신에 대한 예배로까지 의미를 확대하여 부여한다. 이는 노동을 통해 생활의식을 고취하여 근로의욕을 높이는 일석이조의 효과가 있다.

2세기 랍비 탈폰Talpon은 '신의 위력은 노동하는 사람에게 머문다.'고 말했다. 기독교는 오랜 기간 동안 수도원에서 명상을 하거나 기도에 몰두하는 수도사를 존귀하다고 생각했다. 반면에 세속에서 일에 쫓기며 사는 민중을 업신여겼다. 그런데 종교개혁이 있고 난 뒤부터 직업을 가지고 노동하는 것이 신에 대한 의무이며 숭고한 사명이라고 생각하게 되었다. 즉 17세기 후반부터 노동에 대한 인식 변화가 시작되었던 것이다.

《탈무드》에서는 '손을 놀려 생활할 수 있는 사람은 종교가 보답한다.'고 말하고 있다. 예루살렘에 신전이 있었던 시대에는 신전을 운영하기 위해 국민 소득의 10%를 세금으로 거두어들였다. 제사장 및 레위Levi인이라는 직업 종교가들은 이 세금으로 생활비를 충당했다. 그러나 랍비들은 따로이 생활 대책이 없었기 때문에 양치기, 경전 베끼는 일, 땔나무 장사를 해서 생활했다.

랍비 아키바는 양치기 출신이었고, 랍비 메이르Meir는 필경사로 돈을 벌었으며, 랍비 힐렐은 땔나무 장사였다.

예수는 목수가 본업이었고, 베드로는 어부였다. 선교에 생애를 바쳤던 바울은 천막 만드는 일을 했다.

시오니스트 아론 고든은 '스스로 노동하라. 그래야 비로소 우리 유대도 문화를 얻고 자신의 생활을 얻을 수 있다.'고 외쳤다. 이런 데서 유대 민족의 근면성과 그들의 생활 철학을 충분히 엿볼 수 있다.

상품 종목의 선정

유대인들의 상술에 있어서 노려야 할 대상은 두 가지밖에 없다고 말한다. '여자와 그 입'이다. 이것은 유대 상술에서 공리公理라고 일컫기도 한다. 누구나 다 아는 공리이므로 이것은 설명이 불필요하다.

《구약성서》에 남자는 일을 하여 돈을 벌어 오고, 여자는 남자가 벌어들인 돈으로 생활을 유지하는 것이라고 말하고 있다.

그래서 동서고금을 막론하고 돈을 벌려면 살림을 하는 여자 쪽을 겨냥해야 한다. 가족 체제가 이렇기 때문에 유대 상술의 공리는 '여자를 노려라.'가 금언처럼 되어 있다.

예나 지금이나 여자를 상대로 하는 장사는 성공하지만 남자를 상대로 하는 장사는 여자를 상대하는 것보다 10배 이상 힘만 들고 어렵다고 실토한다. 왜냐하면 남자는 돈을 가지고 있지 않기 때문이다. 또 여자들은 감성적이기 때문에 상대하기가 훨씬 쉽다. 실제 물품에서도 요염하게 반짝거리는 다이아몬드, 호화찬란하게 빛나는 드레스, 반지, 브로치, 목걸이, 액세서리, 고급 핸드백 등 남자를 상대하는 물건보다 가짓수가 월등히 많고 매혹적이다.

위에서 입을 노리라고 말했는데 그것은 입에서 입으로 전해지는 구전 광고도 있겠지만, 여기서는 입에 들어가는 것, 즉 요식업을 말하는 것이다. 예를 들면 채소가게, 생선가게, 쌀집, 과일가게, 과자가게, 건어물가게 등이 그렇고, 요리집, 음식점, 레스토랑, 스탠드

바, 카바레 등이 그렇다. 입에 들어가는 물품의 장사를 하면 반드시 돈을 벌 수 있다는 말이다. 그 이유는 입에 들어가는 것은 무엇이든지 반드시 소화되어 배설되고, 그러면 다시 필요해지기 때문이다. 그래서 다시 사게 되는 회전 상품이라는 말이다. 이런 사이클을 알기 때문에 입에 주목하여 장사를 하라고 가르친다.

그래서 유대인들은 토요일이나 공휴일에도 돈을 벌어 주는 것은 은행 예금의 이자와 입으로 들어가는 상품뿐이라고 말한다.

유대 상인들이 여성용품을 제1의 상품으로, 입에 들어가는 상품을 제2의 상품으로 정한 이유도 바로 여기에 있다.

유대인들의 풍부한 지식

유대인들은 상거래에서 판단이 정확하고 신속하다. 그들과 거래를 해본 사람들은 신속한 판단과 정확한 계산에 놀란다. 세계 각곳을 제집 드나들 듯하는 사람들이니 그러려니 하지만 세계를 누비려면 언어라는 장벽이 있다. 유대인들은 최소한 2개 국어 정도는 구사할 수 있는 능력을 가지고 있다. 자기들의 문화를 이해하고 외국에 소개할 수 있을 정도가 되려면 외국의 문화나 문물이나 사물에 대해서도 폭넓게 이해할 수 있어야 된다. 바로 이러한 요소가 국제적인 상인으로 나갈 수 있는 원동력 역할을 하는 것이다.

모름지기 외국어 중 영어 정도는 자유롭게 구사할 수 있어야 글로벌맨으로 활약할 수 있으며 돈벌이의 제일 조건이 될 수 있다.

유대인들은 유교나 불교에 대해서도 상당한 수준의 지식을 쌓고 있다. 다른 문화나 종교에 대하여 상식이 없으면 대화가 막히고, 의사소통이 어려우면 물건을 팔 수 없기 때문이다. 그들은 상담을 위해서라도 철저히 준비하고 대응 방법까지 충분히 연구한다.

이러한 준비로 상대방을 충분히 이해하고 있기 때문에 자연히 두뇌가 빠르게 돌아가 계산의 천재들이라는 말을 듣는다.

판단이 빠르고, 계산이 빠르고, 행동이 민첩하다 보니 상대방이 눈치채기 전에 일을 성사시키는 경우가 많다.

부드럽게 돌아가는 분위기가 조성되니까 자연스럽게 상담이 이루어진다. 유대인들은 철저하리만큼 하나하나를 체크하고 메모한다. 그들은 날짜와 금액, 납품기일 등 모호하면 재차 물어서라도 정확하게 처리한다. 그래서 유대인들 사회에서는 '모호'라거나 '깜박'이라는 말이 절대 통하지 않는다.

유대인들은 끊임없이 노력하고 공부하는 사람들로 '잡학박사'라고 할 정도로 아는 상식이 많다. 정치, 경제, 역사, 스포츠 등 모든 분야에서 거침없이 대화가 쏟아진다. 장사나 하는 상인이 어떻게 저렇게 많이 알까 하는 생각이 들 정도다. 그들은 해저에 살고 있는 물고기의 이름이나 자동차의 구조, 식물의 종류 등 알고 있는 범위가 거의 전문가 수준이다.

이처럼 풍부한 지식은 화제를 풍성하게 하고 상담자를 즐겁게 만들며 스스로도 올바른 판단을 내리는 데도 뒷받침이 된다.

'장사하는 사람들은 주판만 튕기면 된다.'는 사고방식은 근시안적이고 글로벌 시대에는 전혀 맞지 않는 말이다.

절차탁마切磋琢磨, 즉 절은 자른다는 뜻이요, 차와 마는 갈고 닦는다는 뜻이니, 옛날에 짐승의 뼈나 뿔을 자르고 돌을 곱게 만드는 과정을 일컫는 말이다.

유대인은 장사를 하기 위해 철저히 수양을 쌓고, 넓고 풍부한 지식을 기반으로 정확한 판단을 내리고, 신속하게 행동에 옮겨 소기의 목적을 달성하는 상인들의 자세를 갖춘 절차탁마의 사람들이다. 유대인의 근면성을 한마디로 말한 것 중에 '죽을 때까지 돈을 벌라. 죽을 때까지 장사의 손을 멈추지 말라.'고 하는 말이 있는데, 이 말은 회사를 끝까지 붙들라는 말이기보다는 그 근면성을 지적한 말이다.

유대인들의 엄격한 약속 이행

유대인은 일단 계약한 일에 있어서는 어떠한 일이 있어도 어기지 않는다. 그리고 자신이 그러한 것처럼 상대방에도 계약의 이행을 엄격히 촉구한다. 그래서 혹자는 유대인을 일컬어 '계약의 백성'이라고까지 말한다. 이는 유대인이 신봉하는 유대교가 '계약의 종교'라고 하는 데서 유래한다. 그들의 종교는 신과 이스라엘 백성과의 약속, 즉 계약으로 이루어졌다고 말하며 '근본적인 삶이 신과의 계약에 의해서 이루어졌다.'고 믿고 사는 민족이 유대 민족이다.

유대인이 계약을 어기지 않는 것은 신과의 약속을 중요하게 생각하기 때문이다. 그들은 인간과 인간 사이의 계약도 신과의 계약처럼 어겨서는 안 된다는 생각을 가지고 있다. 마찬가지로 채무 이행에 대해서도 엄격할 뿐 아니라 책임을 추궁하고 여지없이 손해배상을 요구한다.

《탈무드》는 대금을 지불한 물건에 대해서도 그 소유권이 어디에 있는가를 본질적으로 말해주고 있다.

우리는 흔히 대금을 지불했으면 물건을 구입한 것으로 간주한다. 그러나 유대인들은 매매 행위의 목적이 물건의 양도에 있음에 유의하여 구매인이 상품을 자기 창고에 옮겼는지 여하에 따라 매매 효력의 유무를 가린다. 대금을 지불하지 않고 상품을 자기 창고에 옮긴 후 상품이 파손되어 버렸을 경우 양도를 끝낸 것으로 간주한다. 그리하여 구매자는 판매자에게 대금 전액을 지불하지 않으면 안 된다.

유대인들은 매매 계약에 세심한 주의를 기울여 판 사람과 산 사람과의 관계 정립에 뚜렷한 선을 긋는다. 그래서 유대인들의 고유사상은 계약 사상이라고까지 일컬어진다.

계약은 당사자의 신용과 이행을 전제로 하는 건설적인 제도라 할 수 있다. 원래 계약은 평등한 입장에서 평등한 의무를 전제로 한 것인데, 유대 사회에서는 약자를 보호하기 위한 제도로 받아들여지고 있다는 것이 다른 점이다.

근본적으로는 하나님과 이스라엘 민족과의 관계에 있어서도 그렇고, 부부간에 있어서도 약자를 우선으로 하는 배려의 차원이다.

유대의 율법은 이자를 받는 것을 금하고 있다. 땅 구석구석까지 축복을 한 신이기에 재산 증식에 반대할 이유가 없지만 착취와 강탈은 철저히 반대한다.

또 보리가 귀할 때 빌려간 보리를 보리가 많이 날 때 돌려주는 것은 부당한 일이라고 하여 금하고 있다. 원칙적으로 빌린 보리와 같은 양의 보리를 돌려주기만 하면 되는데, 그러다 보면 빌려준 사람이 손해 볼 수도 있기 때문이다. 보리가 귀할 때 팔았으면 많은 이익을 올렸을 텐데 보리가 넘쳐날 때 받게 되면 가격이 떨어져 손해를 보게 되는 것이다. 그래서 결국 분쟁으로 번지게 되고 시시비비를 가리게 된다.

이런 내용에 대한 해결도《탈무드》에서는 전해주고 있다.

숫자의 단위

유대인들은 위에서 말한 대로 수치에 밝다. 장사를 하는 유대인들이기에 숫자에 밝은 것은 당연한 일이지만 유난히 계수에 밝다. 그들은 숫자를 생활 속에 끌어들여 생활의 일부로 삼고 있다.

한국 사람들은 흔히 '오늘은 무척 덥다.' 혹은 '날씨가 쌀쌀하다.'라는 표현을 쓰지만 유대인들은 숫자로 지적하여 말한다.

'오늘은 섭씨 30도.' 혹은 '지금은 화씨 70도.'라는 온도계의 숫자를 들어 말한다. 산술학적으로 정확한 수치를 제시하여 상황을 설명하는 것이다.

《탈무드》는 250만 단어의 방대한 어휘가 집대성된 책이다. 유대인들은 이 책을 어려서부터 배움으로써 사물의 이치를 배우고 문제를 다루는 방식과 짜맞추고 꿰뚫어 보는 힘을 기른다. 그래서 지식만 전달하는 것이 아니라 두뇌를 날카롭게 해주어 사물을 꿰뚫어 보는 혜안을 갖게 만든다. 자연히 숫자에 친숙해지고 철저해지며 세심하면서도 정확해진다. 이처럼 세심한 주의가 돈을 벌게 만들고, 돈이 들어오면 철저하게 관리해 가면서 지출 계획을 세우고 짜맞춘다.

'돈을 벌고 싶다면 원칙을 세워라.'

이 말은 유대인들의 무언의 약속이다. 그들에게 무계획은 돈을 벌고 싶지 않다는 말이나 마찬가지다.

일반적으로 숫자에 약한 한국 사람들은 보통 경京까지는 알고 있지만 그 위의 단위는 별로 쓸 일이 없어 소홀히 여겨 모르거나 그냥 지나간다.

숫자는 영에서부터 일, 십, 백, 천, 만으로 이어지는데, ①만은 10의 4승 = 10,000이고, ②억은 10의 8승 = 100,000,000이며, ③조는 10의 12승 = 1,000,000,000,000이다. ④경은 10의 16승 = 10,000,000,000,000,000이고, ⑤해는 10의 20승으로 나머지 숫자는 0이 네 개씩 늘어난다. ⑥자는 10의 24승이고, ⑦양은 10의 28승이며, ⑧구는 10의 32승이다. ⑨간은 10의 36승이고, ⑩정은 10의 40승이며, ⑪재는 10의 44승이다. ⑫극은 10의 48승이고, ⑬항하사는 10의 52승(항하恒河는 인도의 갠지스강을 말함, 항하사는 갠지스강의 모래알에 비유한 수)이며, ⑭아승기는 10의 56승이다.

이 외에도 ⑮나유타는 10의 60승이고, ⑯불가사의는 10의 64승이며, ⑰무량대수는 10의 68승이다. ⑱구골Googol은 10의 100승(미국의 수학자 케스너가 9살의 어린 조카에게 이 세상에서 가장 큰 수를 무엇이라고 부르면 좋을지 묻자 어린 조카는 구골이라고 대답했다. 그래서 이 단위가 탄생했다고 한다.)이고, ⑲아산키아는 10의 140승이며, ⑳센틸리언Centillion은 10의 600승이다. 스쿠스수는 10의 3400승이고, 구골플렉스Googolplex는 10의 구골승(1 다음에 0이 10의 100승개 만큼 붙는 수로 10의 구골제곱이라고 한다.)이다.

위와는 반대로 작아지는 숫자에 대해서는 다음과 같다.

①푼은 할의 10의 -1승 = 1/10이고, ②리는 푼의 10의 -2승 = 1/100이며, ③모는 리의 10의 -3승 = 1/1,000이다. ④사는 10의 -4승 = 1/10000이고, ⑤홀은 10의 -5승 = 1/100,000이며, ⑥미는 10의 -6승(이하 생략)이다. ⑦섬은 10의 -7승이고, ⑧사는 10의 -8승이다. ⑨진은 10의 -9승이며, ⑩애는 10의 -10승이고, ⑪묘는 10의 -11승이다. ⑫막은 10의 -12승이고, ⑬모호는 10의 -13승이며, ⑭준순은 10의 -14승이다. ⑮수유는 10의 -15승이고, ⑯순식은 10의 -16승이며, ⑰탄지는 10의 -17승이다. ⑱찰나는 10의 -18승이고, ⑲육덕은 10의 -19승이며, ⑳허는 10의 -20승이다. 공은 10의 -21승이고, 청은 10의 -22승이며, 은 10의 -23승이다.

※ 위 내용은 19세기 이후 수학적 차원에서 재정립된 개념이기 때문에 19세기 이전의 개념과는 차이가 있을 수 있음을 감안해야 한다.

그중에서도 순수한 우리말 숫자의 몇 가지를 예로 든다면 다음과 같다.

하나 = 1, 열 = 10, 온 = 100, 즈믄 = 1000, 두 즈믄 = 2000, 세 즈믄 = 3000, 골 = 만萬을 들 수 있다.

우리는 지금도 다음과 같은 말에서 골이라는 숫자의 흔적을 찾아볼 수 있다. 아이들이 엉뚱한 행동을 할 때 할아버지가 이렇게 꾸중을 한다.

"저놈이 언제 철이 들려고 저래? 골백 살을 먹으면 좀 나아지려나?"

즉, 만 년이 지나고, 백 살을 더 먹으면 철이 들겠냐는 걱정이다.

잘 = 억億으로 쓰인다. 흔히 누구를 칭찬할 때, '잘한다.'라고 하는데 이 말에서 유래한 것으로, 억척스럽다는 다른 변형의 말이다.

울 = 조兆는 옛 사람들에게는 상상하기조차 힘든 큰 숫자로 어마어마하게 많다는 뜻이다. 그래서 조잘댄다고 흔히 말하기도 하는데 말로는 표현할 수 없다는 표현이다.

유대인들은 숫자를 다루는 귀재들답게 항상 가방 속에 대수 계산자(대수의 원리를 이용하여 복잡한 계산을 기계적으로 산출할 수 있는 자 모양의 기구)를 가지고 다닌다.

그것은 숫자에 자신 있다는 표현임과 동시에 막히면 곧바로 꺼내 활용할 수 있기 때문에 사전처럼 소지하고 다닌다.

롱펠로우(미국 시인)는 '나는 어느 날 활을 쏘았다. 그 화살은 하늘 저쪽으로 멀리 사라져 버렸다. 나는 어느 날 노래를 불렀다. 그 노래는 저편으로 사라졌다. 먼 훗날 내가 쏜 화살이 숲속의 나무 밑둥에 굳게 박혀 있는 것을 보았다. 또 내가 부른 노래가 친구의 가슴속에 남아 있는 것을 발견했다.'고 노래했다.

사실은 유대인들에 대해서 지금까지 쓴 글이 이 시의 화살 같지나 않을지 염려된다. 그러나 롱펠로우의 노래가 친구의 가슴속에 남아 있듯이 이 글이 독자들의 가슴속에 알알이 맺히게 된다면 결코 헛되지 않으리라 믿는다.

78대 22의 법칙

유대인의 상술에는 인위적으로 만든 법칙이 아니라 인간의 힘으로는 어떻게 할 수 없는 우주의 대법칙이 있다.

'78 : 22의 법칙'이 그것인데 엄밀히 말하면 약간의 변수는 있다. 즉, 78.5 : 21.5가 될 수 있는 정도의 차이는 있지만 이는 ±1의 차이일 뿐이다.

이는 정사각형과 그 정사각형에 내접하고 있는 원과의 비율이 78대 22가 된다는 말이다. 즉, 정사각형의 면적이 100이라면 내접하는 원의 면적은 약 78이 되고, 나머지 모서리진 네 부분의 넓이가 22가 된다는 뜻이다.

이 78대 22의 비율 중에 하나가 공기의 성분이다. 공기의 성분을 분류하면 질소가 78, 산소와 그 외 기타 성분이 22의 비율로 이루어져 있다.

또 인간의 신체도 수분이 78, 기타 물질이 22의 비율로 이루어져 있다. 78대 22는 참으로 오묘한 비율로서 대자연의 법칙이다. 이러한 법칙 중에 물에 대해 한 번 더 생각해 보기로 한다.

일부 과학자들은 '지구와 태양과의 거리를 측정한 결과 우연하게도 물이 발생하기에 딱 좋은 거리에 지구가 있다.'고 말한다.

즉, 태양과 가까운 거리에 있는 금성은 대기의 온도가 수증기를 비로 바꾸는 온도보다 높기 때문에 물이 없다고 한다. 반대로 화성은 태양과의 거리가 지구보다 멀어서 수증기 표면의 온도가 영하

60℃보다 낮다. 때문에 빙하로 굳어 있어 물이 없다는 것이다.

하지만 지구는 태양과 절묘한 위치에 있어 물을 가지게 되었다. 지구는 물이 있기 때문에 녹색의 푸른 별이 되고, 생명의 별이라는 별명을 가지게 되었다. 이 생명의 별 안에 인간이 있고, 그 인간 중에 내가 있는 것이다.

그런데 위에서 말한 것처럼 78대 22는 대자연의 법칙이므로, 그 균형을 깨면 조화를 잃어 궤도를 이탈하게 된다. 질소 78, 산소와 기타 22의 비율을 인위적으로 질소 60, 산소 40인 공기를 만들면 인간은 살 수 없게 된다. 이것이 궤도의 이탈이다. 또 인체의 수분도 수분을 60으로 낮추면 죽고 만다.

이는 유대인의 상술에도 그대로 성립된다. 세상에는 돈을 빌려주고 싶어 하는 사람이 78에 해당되고, 빌려 쓰려 하는 사람이 22가 된다고 한다. 은행은 많은 사람들로부터 돈을 빌려다가 일부 사람에게 빌려주고 있는데, 저축하는 사람보다 빌려 쓰고 싶어 하는 사람이 많으면 은행은 당장 문을 닫게 된다.

유대인들은 매사에 이 법칙을 적용해 성공할 확률이 78이고 실패할 확률이 22라고 생각한다. 그런데 실패할 22는 생각하지 않고 성공할 확률 78만 생각하고 돌진하는 사람들, 그들이 바로 유대인들이다.

유대인들은 하루를 살기 위해서도 배워야 한다고 말한다. 그런데 영원히 죽지 않고 살기 위해서는 얼마나 많은 배움을 가져야 하겠는가? 유대인은 배움만큼 삶을 영위하는 지혜를 가지고 있다. 그리고 그들은 지혜를 삶에 접목시켜 후손들에게 전하였다. 수천년 동안 박해와 고난을 이길 수 있었던 것은 살아남기 위해 배우고 익힌 까닭이다.

바빌로니아인에게 끌려가고, 희랍인과 로마인에게 지배를 받고, 아랍인과 기독교인들의 틈바구니에서 용케 살아남을 수 있었던 것은 배움으로 독자성을 잃지 않는 문화를 가지고 있었기 때문이다.

'바빌로니아의 콩은 어떻게 심으면 좋은가? 어떤 토양에 어떻게 뿌려야 하는가?'

연구라는 뜻을 가진 책답게 《탈무드》는 이런 시시콜콜한 것에 이르기기까지 다 적고 있다.

유대인들은 실패를 부끄러워하지 않는다. 사람은 누구나 한번도 실패하지 않은 사람이 없기 때문이다. 그러나 두 번 세 번 실패를 거듭하면 얼굴을 들지 못할 정도로 부끄러워한다.

유대인들은 성공담과 실패담까지 온갖 일들을 화제로 삼는다. 가족 이야기, 레저 이야기, 꽃 이야기 등을 하면서 여유 있게 식사를 즐긴다. 그러나 식사할 때에 올리지 말아야 할 화제가 있다. 첫째가 사업 이야기이고, 둘째가 음담패설이다. 그러니까 전쟁과 종교와 사업 이야기와 음담패설은 절대로 해서는 안 되는 것이 묵시적인 규율이다.

세계를 전전하면서 쫓겨 다니는 유대인에게 전쟁 이야기는 식사 분위기를 어둡게 만든다. 종교 이야기도 이교도들과 대립하기 쉽다. 사업에 관한 이야기도 이해 대립을 초래하므로 유쾌하지 못하다. 유대인 사회에서는 식사의 즐거움을 깰 우려가 있는 화제는 올리지 않는 것이 상식이다.

유대인의 상술에 '시간을 훔치지 말라.'는 말이 있다. 이는 유대인의 에티켓을 잘 나타낸 말로서, 1분 1초라도 남의 시간을 허비하게 만들지 말라는 뜻이다.

서양의 격언, 'Time is Money'도 이런 정신에서 나온 것이다. 유대인은 문자 그대로 시간이 곧 돈이라고 생각한다. 그들은 시간을 금고 속의 현금을 도난당하는 것처럼 절실하게 생각하는 것이다.

월 수입이 20만 달러라면 하루는 8천 달러에 해당하고, 1시간에 1천 달러를 버는 셈인데, 5분을 그 사람 때문에 빼앗겼다면 85달러를 도난당한 것으로 계산한다.

유대인의 상술 중에 또 하나 염두에 두어야 할 것이 에누리가 없다는 것이다. 유대인들은 상품 가격에 대해서 각종 통계와 팸플릿 등을 동원하여 정당하게 제값을 받고 판다는 것을 확인시킨다.

유대인들은 물건과 더불어 자료를 보낸 뒤 '소비자들을 교육시켜 주십시오.'라고 말한다. 상품에 자신이 있으므로 에누리를 하지 않는다는 뜻도 있지만, 에누리를 할 정도라면 차라리 팔지 않겠다는 의지가 담겨 있다.

동업자끼리 과다한 경쟁으로 박리다매로 물건을 팔아 쌍방이 피해를 보고 문을 닫는 예는 얼마든지 있다. 이는 서로의 목에 밧줄을 걸고 힘껏 잡아당기는 것과 같은 어리석은 짓으로 상술이 아니라 너 죽고 나 죽자는 이판사판 외에 아무것도 아니다.

유대인의 교육 방법

유대인들의 의지력과 홀로서기 교육은 보통 사람들은 이해하기 힘들 정도로 독특하다. 무엇이든지 스스로의 힘으로 해내야 한다는 생각을 가진 유대인들은 어린아이에게도 시험을 한다.

샤피로 씨가 손님을 집으로 초대했다. 집에는 세 살밖에 안 된 둘째 아들 토미가 응접실을 뛰어다니며 놀고 있었다.

그는 토미를 번쩍 안아 꽤 높은 장식장 위에 세우고 손을 내밀며 말했다.

"토미야, 아빠한테 뛰어내려 봐라."

아빠가 같이 놀아주는 것에 즐거워진 토미는 활짝 웃는 얼굴로 아빠의 팔로 뛰어내렸다. 그런데 어린 토미가 뛰어내리는 순간 아빠는 팔을 얼른 거두어들인다. 토미는 방바닥에 '쿵'하고 떨어져 큰 소리로 울음을 터뜨리게 된다.

샤피로 씨는 토미를 바라보며 싱글싱글 웃으며 말한다. 토미는

쇼파에 앉아 있는 엄마한테 울면서 뛰어간다. 토미의 엄마는 "오, 짓궂은 파파!" 하면서도 토미를 바라만 보고 있다.

손님이 놀란 표정으로 샤피로 씨에게 그 이유를 묻자 그는 대수롭지 않게 대답했다.

"이것이 유대인의 교육 방법입니다. 토미는 장식장에서 얼마든지 혼자 뛰어내릴 힘이 있습니다. 그런데 자기의 의지에 의해서가 아니라 내 말에 끌려 뛰어내렸습니다. 그래서 손을 거두어들인 것입니다. 이렇게 두 번 세 번 거듭하게 되면 토미는 '아빠라도 믿어서는 안 돼.'라는 자각을 가지게 됩니다. 자기를 사랑해 주는 아빠라도 무조건 믿어서는 안 되며, 믿을 수 있는 것은 오직 자신뿐이라는 것을 어려서부터 가르치는 것입니다."

아빠라도 무조건 믿어서는 안 된다는 사실을 깨우쳐 주려는 샤피로 씨의 행동이다.

유대인은 아내라도 믿지 않는다

유대인들은 사업을 할 때 '피는 물보다 진하다.'는 격언에 따라 종업원을 주로 유대인으로 고용한다. 계약서가 있건 없건 유대인들은 입 밖에 내뱉은 말은 꼭 지킨다. 이렇게 신용이 철저한 그들인지라 계약을 위반하는 이방인들을 보고 '이방인은 신용이 없다.'는 인식을 갖게 되었다.

만일 유대 사회에서 어떤 유대인이 약속을 지키지 않았을 경우, 그는 사회에서 매장되어 버린다. 매장은 사형선고와 다름없다. 그가 상인으로 재기하는 것은 꿈도 꿀 수 없다. 이런 보이지 않는 엄격한 규율이 있기 때문에 유대인은 약속을 꼭 지킨다. 이방인과 거래를 할 때 엄격한 조건을 내세우는 것도 다 이런 이유 때문이다.

그들은 '피는 물보다 진하다.'고 하여 신용을 모토로 하면서도 금전 문제에 대해서만큼은 태도를 바꾼다. 유대인 사이는 말할 것도 없고, 비록 살을 맞대고 사는 배우자인 아내라 할지라도 신용하지 않는다. 이것이 바로 유대인들의 사고방식이다.

유대인들은 이데올로기를 초월한다

유대인들은 전 세계에 흩어져 살고 있지만 유대인끼리는 언제나 긴밀한 연락을 취하고 있다. 그들은 국경에 관계없이 미국에 있거나 러시아에 있거나 다 유대인 동포일 뿐이다. 따라서 유대인의 세계에는 자본주의도 공산주의도 없다.

그들은 유대 출신인 예수 그리스도와 마르크스에 대해서 이렇게 말하고 있다.

"예수도, 마르크스도 사람을 죽이려 하거나 이데올로기로 묶으려고 하지 않았습니다. 다만 어떻게 하면 '인간이 행복하게 살 수 있는가?'에 대한 견해 차이가 있을 뿐입니다."

이런 사고방식을 가진 유대인들이기에 냉전시대에도 소련의 유대인과 미국의 유대인이 스위스의 유대인을 중심으로 장사를 했다. 이것은 유대인들에 있어서는 당연하고 자연스러운 상식일 뿐이다.

전 세계를 상대로 장사를 하는 유대인의 입장에서는 상대편의 국적 같은 것은 문제가 되지 않는다. 때문에 거래를 할 때 독일인인가, 프랑스인인가, 한국인인가를 구분하지 않고, 유대인 외에는 모두 다 이방인으로 간주한다. 돈을 버는 일이라면 국적을 떠나 그냥 거래가 있을 뿐이다.

유대인들도 하나밖에 없는 목숨을 가지고 한 번뿐인 생애를 살아간다. 그들은 하나님이 세상에 가장 고귀하고 존엄한 가치로 주신 생명을 율법대로 실현하여 약속을 이루어 드려야 한다고 생각한다.

인간 누구나 한 번 나서 한 번 죽는다. 즉, 일회성의 원리를 가지고 있다. 만일 여러 번의 생애를 살 수 있다면 인간의 생애가 고귀한 존재가 아닐 것이다. 오직 하나밖에 없는 생명을 가지고, 오직 한 번뿐인 인생을 살아가기 때문에 전 우주를 주어도 바꿀 수 없는 한없이 값지고 소중한 것이다. 그러니까 삶을 섭리 속에서 이루는 것이 유대인들의 지향점이다.

로스차일드 가의 번영

유대인들은 '똑같음'과 '다름'에 대해서 논할 때 이렇게 말한다. '사람은 눈, 코, 입이 똑같고, 말을 할 줄 아는 것이 똑같고, 잠을 자는 것이 똑같다. 또 밥을 먹는 것이 똑같고, 배설하는 것이 똑같다. 그런데 눈, 코, 입의 달린 모양이 다르고, 말하는 내용이 다르고, 잠을 자는 모습이 다르다. 또 생각하는 각도가 다르고, 죽은 상태가 다르고, 사는 모습이 다르다.'

이렇게 같음과 다름을 교육하는 것이 유대 민족의 교육이다. 교육의 방법에 따라 생각의 차이는 점점 더 벌어져 간격을 좁히기가 쉽지 않다. 그래서 종국에는 어리석음과 현명함의 차이로 벌어지고, 그 간격이 자꾸만 넓어져 영원히 갈라지게 된다. 그래서 결론은 '사람은 다 똑같으며, 다 다르다.'는 식이다.

유대인은 하나의 비즈니스가 불타버리면 그와 동시에 다른 비즈니스를 생각해 낸다. 예를 들어 경영하던 은행이 몰수당하면 그 가족은 다른 곳에 가서 새로운 은행을 시작한다.

유대인들은 승부욕이 강하다.

살아남아야 한다는 본능에서 비롯된 것이기는 하지만, 포기를 모르며 불굴의 정신으로 칠전팔기를 마다하지 않는다. 자기 자신에 대한 확고한 믿음이 재능을 낳고, 결국 자기 자신을 일으켜 세우는 받침대 역할을 한다. 그래서 한 번쯤 실패를 하더라도 다시 일어설 수 있다는 자신감으로 충만하다.

미국의 할리우드는 세계 영화산업의 중심지다. 이 시장을 유대인들이 장악하고 있다면 어떻게 생각할까? 유대인들은 초창기에 아무도 돌보지 않는 영화산업 분야에 뛰어들어 이를 개척하기 시작했다. 그러자 영화 산업이 눈부시게 발전했다.

유대인들은 비즈니스 능력이 탁월하다. 그들은 지적인 능력이 앞서 있기 때문에 무슨 일을 할 때 어떻게 해야 하는지 상황 판단이 빠르다.

유대인들은 비즈니스를 하면서도 반드시 '기드시 하셈'에 따라 행한다. 기드시 하셈이란 '이름을 성별聖別한다.'는 뜻이다. 즉, 자신의 평판을 지키고 유대인을 욕되지 않게 한다는 뜻이다. 위에서 말한 바 있지만 유대인들은 결속력이 강하고 사업도 가족끼리 한다. 유대 민족은 한 가족이라는 개념을 가지고 있기 때문에 무엇이든 가족 단위로 생각하면서 동시에 민족도 하나의 가족으로 생각한다. 가족은 공동체의 중심이 되고, 민족은 사회적 차원에서 대가족이 된다.

세계에서 가장 성공한 가문으로 평가받는 로스차일드 가의 번영은 어떻게 시작되었을까?

로스차일드Rothschild 가의 성공 비결은 남들이 돌아보지 않는 분야에 진출하여 과감하게 투자함에 있었다. 그들은 기드시 하셈 정신을 믿고, 올바른 비즈니스를 행하며, 많은 사람들로부터 신뢰를 쌓았다. '절대로 유대인을 욕되게 하지 않겠다.'는 신념이 사람들을 감동시켰으며, 그런 정신으로 착실하게 일함으로써 재산을 모아 나갔던 것이다.

그들은 나름대로 뚜렷한 원칙이 있었다. 아무리 높은 금리를 준다고 해도 유대인을 박해하는 정부에는 돈을 융자해 주지 않는다는 것이었다. 반대로 유대인들에게 호의적인 정부에 대해서는 금리가 조금 낮더라도 장래성만 있으면 대출을 해 주었다.

로스차일드 가의 금융업은 가족 경영에서부터 시작되었다. 로스차일드 가의 자녀들은 훗날 영국·프랑스·오스트리아·이탈리아 등지로 가서 은행업을 시작했다. 그들은 명실공히 국제 네트워크를 형성하여 국제적인 은행이 되었으며 지금까지도 혈연으로 맺어져 있다.

금융시장의 대부 로스차일드 가의 '그림자 없는 제국'

로스차일드 가문은 대대로 프랑크푸르트의 유대인 지역 게토에서 고물상을 했다. 그들은 간판에 '붉은 방패'라고 써서 집 앞에 내걸었는데, 영어 발음으로 '로스차일드'다. 나중에 마이어가 이것을 성으로 사용하였다.

마이어의 아버지는 어릴 때부터 남다르게 명석한 마이어를 랍비로 키우고 싶었다. 그래서 마이어를 유대신학교에 보내 탈무드 공부를 하게 했다. 그런데 마이어가 12세 되던 해에 부모가 갑자기 돌아가셨다. 마이어는 학업을 중단하고 유대인이 경영하던 오펜하임 은행의 수습생이 되었다. 비록 수습생이었지만 마이어는 이미 신학교에서 중동과 유럽 역사에 대한 상당한 지식을 습득하고 있었다.

어느 날, 그는 옛날 돈에 대한 흥미를 가지게 되었고 곧 그 돈을 수집하기 시작했다. 마이어는 20세가 되자 아예 오펜하임 은행을 그만두고 고향으로 돌아가 화폐 수집상이 되었는데, 그것이 세계 최대의 금융 왕국을 건설하는 계기가 되었다.

'탈무드'와 '은행'은 절묘한 배합을 이룬 집합체였다. 탈무드가 지혜의 은행이라면 은행은 경제의 흐름을 디디고 선 현금, 즉 돈의 집합체였던 것이다.

마이어는 자신이 가진 옛날 돈의 안내서를 만들어 고객이 될 만한 사람들에게 보냈다. 그리고 화폐 수집에 별 관심이 없는 사람들에게서 옛날 돈을 싼값에 사들였다. 그리고 이것을 다시 부유한 귀족들에게 비싸게 팔았다.

그러던 중 프로이센 왕 프리드리히 대왕의 아들인 빌헬름 공과 직접 거래를 하게 되었다. 유대인에 대한 박해가 심했던 프랑크푸르트에서 유대인 청년이 영주와 직접적인 거래를 한다는 것은 획기적인 일이었다.

빌헬름 공은 명문 대가의 귀족이며 군대를 양성하여 영국과 기타 나라에 용병을 빌려주어 많은 돈을 모은 사람으로 유럽에서 손꼽히는 부자였다.

마이어는 빌헬름의 재정 담당에게 끈질기게 줄을 넣어 드디어 런던의 환어음을 현금화하는 사업에까지 손을 대기 시작했다. 그리고 자연히 국가 재정에까지 관여하는 그야말로 큰손이 되었다.

1785년 빌헬름 공이 아버지 프리드리히 대왕의 뒤를 이어 빌헬름 9세로 즉위하니, 그 위세가 날로 커져 가는 만큼 자산도 늘어났다.

때마침 영국이 산업혁명으로 섬유를 대량 생산하기 시작했고, 프랑스혁명으로 독일에서도 면제품 가격이 급등했다. 이에 주목한 로스차일드 가는 빌헬름 9세가 영국에서 용병 대금으로 받은 수표를 단순히 현금화하는 데 그치지 않고, 영국에서 구입한 면제품 대금으로 지불하였다. 그런가 하면 주식과 채권에도 투자하여 막대한 이익을 거두어들였다.

이렇게 하여 유럽 최대의 갑부가 된 빌헬름 9세가 마이어에게 돈을 맡기니 마이어는 독일 제일의 금고지기가 되었다. 그렇게 해서 유럽 최고의 금고지기가 된 마이어는 국경을 초월한 금융 네트워크를 구상하게 되었다.

마이어에게는 암셀, 잘로몬, 네이선, 카를, 야콥(개명 : 제임스) 등 다섯 명의 아들이 있었다. 이 다섯 아들을 엄격한 유대 교육하에 상인으로 단련시켜 장남 암셀은 독일 프랑크푸르트 본가의 후계자로 세우고, 잘로몬은 오스트리아 빈에, 네이선은 영국의 런던에, 카를은 이탈리아 나폴리에, 야콥은 프랑스 파리로 보냈다.

로스차일드 가의 다섯 아들들은 눈부신 활동을 펼쳤고, 그 결과 유럽의 주요 도시에서 명실공히 19세기 유럽 최강의 금융기관으로 자리 잡게 되었다. 그들의 활약은 그야말로 장대한 드라마이며 유럽금융의 산 역사가 되었던 것이다.

로스차일드 가의 시조 '마이어 암셀 로스차일드'는 다섯째 아들 야콥을 내세워 나폴레옹 전쟁 때 프랑스군의 최고 사령관을 매수하여 고금리로 군자금을 대여해 주었고, 영국의 웰링톤 장군에게는 네이선을 통해 군자금을 대주어 프랑스와 영국에서 막대한 이익을 얻었다.

그 후에도 잘로몬을 통해 오스트리아의 재상 메테르니히 가, 독일의 비스마르크 등 유럽의 영웅들을 상대로 돈놀이를 하여 날로 번영해 나갔다.

로스차일드 집안의 성공 비결은 첫째가 견고한 결속력이었다. 프랑스와 영국이 맞붙어 싸울 때 프랑스의 야콥과 영국의 네이선 형제에게 자금을 밀어주어 다섯 형제가 다 같이 금융업을 일으키는 데 엄청난 힘을 얻었다.

마이어는 죽으면서 '로스차일드 가의 사업은 아들만이 계승하며 딸과 사위는 경영에 참여해서는 안 된다.'는 유언을 남겼고, 그의 자손들은 그대로 따랐다. 만일 마이어의 유언을 거스르는 자가 있으면 사업을 계승할 수 있는 권리를 상실했다. 마이어가 사망한 후에도 유럽 각지에 흩어져 금융업에 종사한 자녀들은 혈통의 장점을 살려 결속을 유지했다.

둘째로는 국경을 넘나드는 빠른 정보력을 바탕으로 적재적소에 투자하여 막대한 이익을 창출해냈다. 영국과 프랑스를 가로지르는 도버해협에 여러 척의 범선을 대기시켜 놓고 독자적인 정보망을 구축했다. 마이어는 정보 보안을 위해 이디시어와 암호를 조합하여 사용했다. 그러니까 벌써 300년 전부터 정보가 돈을 낳는다는 사실을 알고 있었던 것이다.

셋째로, 뛰어난 정보 분석 능력이 있었다. 정세를 세심하게 분석하여 변제 능력이 있는지 파악한 다음 정세 변화의 추이까지 살폈다. 전쟁이 끊이지 않던 격동기의 유럽에서는 정세의 분석이 생존의 관건이었다.

다른 은행은 격변하는 시대의 물결 속으로 사라졌으나 로스차일드 집안은 다섯 아들들이 각자 정보 분석 시스템을 만들어 살아남을 수 있었던 것이다.

유대 상인들을 대표하는 로스차일드 집안은 박해의 소용돌이 속에서도 유대교와 유대인의 자긍심을 끝까지 지켰다. 박해를 받아 쓰러져도 다시 일어서는 유대인 특유의 강인한 결속은 로스차일드가의 저력을 증명해 주고도 남음이 있다.

창시자 마이어는 자녀들에게 스키타이 이야기를 들려주었다. 스키타이는 기원전 6세기에서 3세기에 흑해 안 북쪽에 건설되었던 강대한 유목 국가로, 그 나라를 이끌었던 왕에 대한 이야기였다.

스키타이 왕이 죽음을 앞두고 자녀들을 둘러보며 말했다.

"여기 화살 다발이 있다. 이 다발을 통째로 꺾어 보아라."

그러나 아무도 꺾을 수가 없었다. 그러자 왕은 화살 다발을 풀어서 낱개로 꺾어 보이며 말했다.

"너희들은 이 화살 다발처럼 하나로 뭉치면 강력한 힘을 발휘할 수 있지만 흩어지면 힘을 잃고 번영도 사라질 것이다."

런던 시의 로스차일드 집안의 은행에는 '다섯 개의 화살'이 그려진 방패가 장식되어 그 일가의 전통을 나타내고 있다.

로스차일드 가문은 온 지구상에 경제적 영향을 끼친 세계 최대의 재벌이 되었다. 창업 300년이 지난 오늘날에도 로스차일드 가의 금융은 변함없이 번영을 누리고 있다. 은행뿐만이 아니라 다이아몬드, 석유, 차茶, 와인, 호텔, 백화점 등 다양한 분야에 진출하여 그 명성을 이어가고 있다.

셋째 아들 네이선 로스차일드는 영국으로 건너가 솜, 털실, 담배, 설탕 등을 거래하여 큰 부를 쌓았다. 또 그렇게 모은 돈을 주식매매에 투자하여 수백만 파운드를 벌었다. 그의 신화적인 돈벌이에는 그럴 만한 비밀이 담겨져 있다.

1815년 6월 20일, 런던 증권거래소에는 아침부터 긴장된 분위기가 감돌고 있었다. 그 전날 그러니까 6월 19일, 대영제국과 프랑스의 운명을 건 '워털루 전투'가 벌어졌다. 영국이 이 싸움에서 이기면 영국의 주식은 폭등하고 프랑스의 나폴레옹이 이기면 폭락하게 되어 있었다.

영국 증권거래소에서는 모두 숨을 죽이고 전쟁 승패의 뉴스를 기다렸다. 결과를 남보다 한순간이라도 빨리 알게 되면 확실하게 돈을 벌 수 있는 찬스였다.

당시는 겨우 증기선이 있던 시대여서 벨기에 수도 브뤼셀 남쪽에서 벌어진 워털루 전투의 소식도 말을 사용하는 파발꾼에 의존하는 수밖에 없었다. 워털루 전투에 앞서 벌어진 전투에서는 영국군이 패했고, 이번에도 형세는 매우 불리하다는 소식이었다.

그런데 네이선 로스차일드가 영국의 주식을 팔기 시작했다.

"네이선이 팔았다."

그 뉴스는 금세 거래소 안에 일제히 퍼져 나갔다. 그러자 주식이 매도세라고 알려지면서 동시에 영국군이 패했다는 소식으로 둔갑되어 퍼져 나갔다. 추종하는 주식꾼들은 무조건 팔자는 쪽을 뒤따랐고, 영국의 주식은 순식간에 곤두박질쳐 폭락했다.

이젠 바닥 시세였다. 그런데도 네이선은 매도를 계속했다. 네이선의 얼굴은 여느 때와 똑같이 무표정했고, 그 손가락이 팔라는 신호를 보낼 때마다 주가는 뚝뚝 떨어졌다.

값이 마지막 한계선까지 내려가자 네이선의 손가락이 별안간 대량매입 신호로 바뀌었다.

순간 거래소 안은 숨을 죽였다. 이것은 무엇을 뜻하는 것일까? 시세차익을 바라는 것일까? 추종자들은 조심조심 뒤따랐다. 네이선은 폭락한 주식을 바닥값으로 마구 사들였다. 아무래도 시세 차익을 보기 위한 자세는 아닌 성싶었다. 사람들이 눈치를 챈 것과 동시에 정부의 소식이 전해졌다. '워털루 전투 영국군 대승리'라는 뉴스였다.

주식은 순식간에 폭등세가 되었다. 네이선은 큰 도박을 한 뒤 승리감을 맛보며 조용히 미소 짓고 있었다.

만약 영국군이 워털루 전투에서 패했다면 네이선은 휴지 조각만 쥔 채 한 푼 없는 빈털터리가 되었을 것이다. 분명히 네이선은 도박을 하는 도박사처럼 보였다. 그러나 그것은 도박이라기보다는 로스차일드 가문 특유의 어마어마한 계산의 결과에 지나지 않았다. 그러니까 도박이 아니라 치밀하게 계산된 전략과 전술의 승리였다.

워털루 전투에서 영국군이 이기면 주식은 폭등하고, 패하면 폭락한다는 것은 누구나 알고 있었다. 때문에 사람들은 영국 정부의 정보를 한시라도 빨리 손에 넣으려고 치열하게 다투었다. 오직 네이선 혼자만 다르게 행동했다. 그는 정부를 앞지를 비범한 계책이 있거나 모 아니면 도라는 투기의 비범함이 있었다.

사실 네이선은 정부보다 빨리 전황을 알기 위해 독자적인 정보망을 깔아 놓았던 것이다.

마이어의 다섯 아들들이 유럽 각국으로 흩어진 시기부터 로스차일드 가문은 서로 정보를 교환하였다. 장사에 관한 일부터 세상 돌아가는 일반적인 관심사까지 그들은 서로 정보를 주고받았다. 그런 정보가 변혁과 동란의 시대에는 유대 출신 가족의 번영을 지켜주는 생명선이 되기도 했던 것이다. 어느 시대에나 정보는 명줄이나 다름없다. 또 살아남는 수단이고 돈이다.

로스차일드의 네이선이 영국 정부보다 몇 시간 앞서 워털루 전투의 승리를 알 수 있었던 것은 민첩한 기동성의 결과였다.

로스차일드의 파발꾼은 현금, 증권류, 편지 그 밖의 뉴스를 휴대하고 유럽 각지를 휘돌고 다녔다.

6월 19일 밤, 네이선 정보망은 영국군의 승리를 전하는 네덜란드 신문 속보를 입수했다. 그리고 네덜란드 항구에서 특별히 많은 돈을 주고 세를 낸 범선을 타고 전속력으로 도버해협을 건너 네이선의 손에 건네주었다. 보통 사람 같으면 소식을 받자마자 반가운 마음에 얼른 주식을 사들였을 것이다. 그러나 네이선은 반대로 행동했다. 먼저 주식을 팔기 위해서 몽땅 한꺼번에 내놓은 것이다. 팔고 팔아서 영국군의 승리 소식이 들어오기 전에 주식 값을 폭락시킨 다음, 다시 사고 또 사들였다. 그렇게 해서 바닥 값으로 사들인 주식으로 앉은 자리에서 몇 곱절의 돈을 벌어들인 것이다.

같은 주식을 사고 판 동업자들까지도 네이선이 정부보다 더 빠른 정보망을 가지고 있을 거라고는 생각하지 못했다. 감히 정부를 상대로 더 빠른 정보 경쟁을 할 사람은 없었던 것이다. 오로지 네이선만이 할 수 있는 일이었다.

다음은 둘째 잘로몬과 오스트리아의 철혈 재상 메테르니히 사이에서 있었던 이야기이다. 완고하고 강력한 반유대주의 철혈 재상 메테르니히와 '부드러운 교섭'건은 그야말로 드라마틱하다.

오스트리아에 사는 유대인들은 토지의 소유는 물론이고 정부나 법원의 직원, 변호사가 되는 것도 금지되어 있었다. 심지어 결혼도 허가를 받지 않으면 할 수 없었다.

19세기 초, 오스트리아는 최악의 반유대주의를 정책으로 삼고 있었다. 그러나 재정난에 빠진 정부는 로스차일드 집안의 공채 발행이나 군사비 조달에 의존할 수밖에 없었다. 때가 되었다고 판단한 로스차일드는 잘로몬을 앞세워 작전을 개시했다.

잘로몬은 교섭에 능하였으나 처음부터 정면 돌파를 시도하지 않았다. 유대 격언에 '우물에 침을 뱉는 사람은 언젠가는 그 우물 물을 마시지 않으면 안 된다.'는 말을 상기하면서 우회 작전을 펼친 것이다.

잘로몬은 어떠한 자리에서도 순식간에 화기애애한 분위기를 만들어 가는 협상의 대가였다. 그는 사람을 기쁘게 하는 쪽이 협상에 훨씬 유리하다는 점을 감안하여 잘로몬을 그곳에 파견한 것이었다.

잘로몬은 로스차일드 집안이 프랑크푸르트 게토에서 다른 고장으로 옮길 예정이라는 소문을 오스트리아 고관에게 흘려보냈다. 이미 유럽에서는 로스차일드 집안에 돈이 많다는 소문이 널리 퍼져 있던 차라 이 극비 뉴스는 곧 오스트리아 정부를 움직였다. 로스차일드 가문에 특별히 관대한 이주 허가를 내준 것이다.

오스트리아 정부는 로스차일드 가문이 들어오게 되면 막대한 세금을 거두어들일 수 있고, 그 파급 효과 또한 말할 수 없이 클 것이라는 생각으로 선뜻 허가를 내준 것이다. 그런데 빈에 옮겨 온 사람은 잘로몬 한 사람뿐이었다.

잘로몬은 이 사태를 수습할 방법을 구상하면서 오스트리아 국채 공모를 청부받았다.

잘로몬은 아주 독특한 복권부라는 독창적인 국채를 고안해냈다. 그러나 반유대 감정이 뿌리 깊은 오스트리아 국민은 높은 이율에다 복권 형식의 국채에 분노를 터뜨리면서 판매 금지 운동을 폈다. 이에 잘로몬은 특유의 부드러운 기법으로 신문에 광고를 내 절약을 강조하면서 투자를 장려했다.

잘로몬이 복권이라는 사행심을 부채질하는 한편, 로스차일드 가에서 공모한다는 소문을 내자 국채는 폭등했다.

오스트리아 정부는 만족했고, 국채를 구입한 대중도 이익을 얻었으며, 잘로몬 또한 수수료와 국채 값 폭등에 따른 엄청난 프리미엄을 챙겼다. 이는 돈으로 열리지 않는 문이 없다는 유대 격언과도 잘 들어 맞는 사건이었다.

이렇게 하여 잘로몬은 반유대 감정이 뿌리 깊은 오스트리아 수도 빈에 기반을 쌓았고, 이윽고 빈의 명예시민이 되었다.

잘로몬은 능력과 일을 추진해 나가는 교섭술을 인정받은 다음 또 다시 '악마의 강철기계'라는 프로젝트로 실력을 인정받았다.

영국에서 스티븐슨이 증기기관차를 발명하자 철도의 장래성에 대한 논의가 분분하였다.

철도 사업이란 사람이 끄는 마차보다 못하다고 평가절하하여 네이선은 손을 대지 않았다. 그런데 예상과는 달리 철도가 순조롭게 발전해서 장래성이 밝아 보이자 네이선은 땅을 치며 후회했다. 이러한 사실이 오스트리아에 있는 잘로몬에게 전달되었다.

잘로몬은 정부의 이런 프로젝트를 검토하면서 보수적인 오스트리아인들이 '말 없는 탈것'에 대해서 터무니없이 잘못 알고 있음을 알았다. 심지어 지식층까지도 '철도는 악마의 강철기계'라고 생각할 정도였다. 이런 일을 유대인이 하게 된다면 틀림없이 세상 사람들로부터 몰매를 맞을 것이 뻔했다.

그러나 잘로몬은 조용히 이 프로젝트를 진행시켰다. 영국에 조사단을 파견하여 철도 사업의 기술과 금융 관계에 대해서 검토했다. 그리고 여러 곳의 역마차 사업을 매수하는 한편 운행 예정지를 도보로 쫓아다니며 면밀히 조사했다. 그러면서 한편으로는 신문에 철도에 대한 계몽 기사를 계속 연재했다.

5년이라는 준비 기간을 거쳐 황제 페르디난트 1세에게 100㎞에 걸친 유럽 대륙 최장거리의 철도 건설 사업을 신청했다. 이미 메테르니히 재상으로부터 충분히 검토받은 사안이기에 잘로몬은 별 어려움 없이 황제로부터 허가를 취득하였다.

이 어마어마한 계획이 발표되자 빈의 신문들이 잘로몬의 반대편에 서서 맹렬한 비난을 쏟아냈다. 이제까지 신중을 기해 준비한 이

계획이 수포로 돌아갈지도 모를 정도로 심각했다.

신문들은 '인간의 육체는 시속 24*km* 이상에는 견딜 수가 없다.'고 하면서 악마의 강철기계가 오스트리아를 달리게 되면 승객의 코와 눈과 입과 귀에서 피가 터져 나올 것이라는 등의 기사를 내보냈다. 철도는 터널에서 승객을 질식시켜 '흉악한 영구차'가 될 것이라고도 했다. 그런가 하면 의학자들까지 나서서 '지금처럼 스트레스가 많은 사회에서 가뜩이나 인간은 과로 상태인데 철도에 승차하여 긴장하면 완전히 발광하게 될 것'이라고 했다.

이렇듯 '악마의 기계로 신성한 제국을 오염시키지 말라.'고 위협하면서 유대인의 음모를 분쇄하자고 연일 대서특필했다.

잘로몬은 진퇴양난에 빠져 궁지에서 헤매고 있었다. 그는 어떻게든 이 사면초가에서 벗어나 활로를 찾아야겠다고 생각했다. 거기다가 오스트리아의 금융업자들도 철도 사업에 투자하는 것은 위험하다고 강조하면서 잘로몬을 적대시했다.

잘로몬은 재상 메테르니히나 정부의 고위층을 만나 정면 돌파를 시도할 수도 있었지만 그렇게 하지 않았다. 또 프랑스의 제임스(야콥)처럼 반대파와 주요인물을 매수하여 잠재울 수도 있었지만 그것도 시도하지 않았다.

잘로몬은 정도를 실천하는 부드러운 전술을 앞세웠다. 그는 틀림없이 난관을 뚫고 사업을 성공시킬 것이라고 굳게 믿고 있었다. 그래서 유대인 특유의 참고 견디는 지혜를 활용하면서 길이 열리기를 기다렸다.

잘로몬은 여론의 반대에 부딪쳐 있으면서도 주식 발행으로 분위기를 띄웠다. 철도 건설 자금을 충당하기 위하여 12,000주를 발행하여 로스차일드 집안이 8,000주를 소유하고, 4,000주는 선착순으로 모집했다. 잘로몬의 계산대로 철도에 반대하던 자들도 로스차일드 집안이 나섰다는 소문을 듣고 너도나도 앞다투어 신청했다. 결과는 대성공이었고, 4,000주 공모에 8배에 가까운 신청이 쇄도하였다.

'금화가 쩔렁대는 소리를 내면 욕설은 조용해진다.'는 유대인의 격언대로 여론은 잠잠해졌다.

잘로몬은 황금의 위력을 여지없이 보여주었다. 그는 자기 사람들을 내세워 자기 돈으로 응모하게 하여 주식의 인기를 최대한 부추겼다. 이러한 사실은 잘로몬과 그 하수인 외에는 아무도 모르는 일이었다. 또 잘로몬은 절묘한 아이디어를 끌어냈다. 철도 명칭을 '황제 페르디난트 북방철도'라고 명명하여 허가를 얻었다.

페르디난트 황제는 유럽의 최장거리 철도에 자신의 이름이 붙게 되면 지도나 역마다 황제 명칭이 붙어 영원히 남을 것이라고 생각하고 쉽게 허가를 해준 것이다.

그는 계속해서 황제 이하 모든 사람에게 감명을 주고자 메테르니히 재상과 추밀원 의장 이름도 철도 표지판에 올려놓을 것을 제안했다. 특히 메테르니히 재상은 철도의 명예 보호관으로 추대했다. 이 모든 계획은 잘로몬의 것이었는데 마치 마술 같은 효과를 가져왔다.

'페르디난트 황제 북방철도'라는 명칭은 어느 면에서 '로스차일드 집안의 철도'에서 오스트리아 제국의 철도가 된 듯한 느낌을 갖게 했다. 황제의 이름을 넣음으로써 철도 건설에 감히 반대할 수 없게 만드는 기발한 착상을 했던 것이다.

잘로몬은 이렇게 위기를 극복하여 4년 뒤 철도 일부를 개통시켰고, 오스트리아는 유럽의 어느 제국보다 앞서는 유통혁신에 당당한 명예를 누릴 수 있었다.

화장품 업계를 개척한 헬레나

헬레나는 1872년 폴란드의 아우슈비츠 부근 크라쿠프에서 태어났다. 그녀는 93세의 나이로 1965년에 생을 마쳤는데, 화장품 업계에서는 억만장자로 군림한 큰 인물이었다.

화장품 산업의 여왕이 된 헬레나는 고향 폴란드에서 스위스, 호주, 영국, 미국까지 사업 영역을 넓혔다.

그녀는 재력가인 숙부가 돈을 대주어 크라쿠프대학에 다닌 뒤 스위스 의과대학으로 유학을 갔다. 스위스에 있을 때 사귀던 남자와 결혼하려 했으나, 남자의 집에서 헬레나가 유대인이라는 이유로 반대하는 바람에 뜻을 이루지 못했다.

1903년, 30살이 된 그녀는 학교를 그만두고 화장품 크림 12병을 가지고 호주에 있는 숙부를 찾아갔다.

호주에 도착하자 유럽에 비해 덥고 건조한 기후 때문에 피부가 건조해지고 거칠어졌다. 그녀는 가지고 온 크림이 거친 피부에 효과가 있는 것을 발견했다.

그녀는 영어도 못했고, 화장품에 대한 지식도, 장사에 대한 경험도 없는 상태였다. 그러나 자기가 가지고 간 크림이 틀림없이 장사가 될 거라고 믿었다. 그래서 폴란드에 계시는 어머니께 매월 큰 병으로 12개씩 보내 달라고 부탁하고, 호주로 올 때 배에서 사귄 사람으로부터 약간의 돈을 빌려 멜버른에 작은 미용실을 열었다.

미용실에서 손님을 맞다 보니 건성 피부의 사람이 있는가 하면 지성 피부를 가지고 있는 사람도 있었다. 그녀는 피부 상태에 따라 성분이 다른 크림이 필요하다는 것을 깨달았다. 그래서 직접 크림을 제조하여 피부에 따라 다르게 사용하게 했다. 그러자 그녀가 만든 크림은 큰 호평을 받았고 폭발적으로 팔려나갔다. 헬레나는 여전히 낮에는 미용실에서 일하고, 밤에는 비밀리에 화장품을 제조했다.

당시 영국은 해가 떨어지지 않는 나라로 절정기에 올라 있었으므로 런던은 말 그대로 세계 중심지였다.

헬레나는 1908년 런던에 진출하여 미용실을 열었다. 그러자 주위 사람들은 영국인은 보수성이 강하기 때문에 아무리 고객의 피부에 맞춰 만든 크림이라 해도 성공하지 못할 것이라고 말렸다.

그러나 현대식으로 잘 꾸며진 그녀의 미용실은 대성공을 거두었다. 고전풍의 칙칙한 미용실보다는 밝고 현대적이며, 자신에게 맞

는 화장품이 있는 헬레나 미용실에 흠뻑 빠져 들었던 것이다.

에드워드 7세의 알렉산드라 왕비도 헬레나 미용실의 단골손님이 되었다. 밀려드는 손님을 수용하기 위해 점포를 확장함에 따라 점포 수가 늘어났다. 그래서 폴란드에 있는 동생들을 불러들여 일을 돕게 했다.

1912년, 헬레나는 화려한 유행의 도시 파리로 진출하였으며, 뒤이어 유럽의 주요 도시에 차례로 가게를 냈다.

이제 명실공히 유럽의 중심가마다 헬레나 미용실이 자리 잡고 손님들로 북적이자, 헬레나는 아예 실험실에 틀어박혀 화장품 크림을 제조하는 데 주력했다. 검은 머리에 등까지 찰랑거리는 머릿결을 날리면서 뛰어다니던 헬레나가 실험실에 틀어박혀 만들어 낸 상품이 1,000종 이상이 되었다.

당시 미국의 화장품은 유럽에 비해 품질이 크게 뒤떨어져 있었다. 1914년, 파리에 진출해 성공한 지 2년 만에 헬레나는 미국으로 건너가서 뉴욕 맨해튼에 제1호 미용실을 열었다. 이 1호점의 성공을 기점으로 전 미국의 주요 도시에 일제히 미용실을 열었다.

미국에 진출할 때까지만 해도 헬레나는 직접 제품을 제조했는데 무엇이든지 자기 손으로 해야만 직성이 풀리고 안심이 되었기 때문이다. 헬레나는 성품이 까다롭고 집념이 강해서 한번 몰두하면 꼭 해내고야 마는 성격을 지니고 있었다. 그녀는 물로 씻어도 지워지지 않는 화장품과 약용 페이스크림 같은 새 상품을 잇달아 개발했다. 그리고 집집마다 방문 판매하여 중산층 여성들도 헬레나 화장품을 쉽게 구할 수 있도록 하는 등 판매 대상을 획기적으로 확대했다.

미국에 진출한 지 6년 후인 1929년, 주식 시장이 대폭락하는 대공황이 시작되었다. 헬레나는 급변하는 시장 추세에 대응하는 민첩한 사업 감각을 보여주어 주위 사람들을 놀라게 했다. 그녀는 주식이 대폭락하기 직전에 자신의 회사 주식 70%를 733만 달러에 유대인 투자은행 리먼 브라더스에 매각했다. 회사 주식 70%를 넘긴 것은 회사의 경영권을 양도한 것이나 다름 없는 위험천만한 일이었다. 그야말로 특단의 조치였으며 사업기질을 유감없이 발휘한 수완이었다.

주가가 폭락하자 그녀는 여성 주주들에게 서신을 보냈다. 남성은 아름다워지고 싶어 하는 여성의 본능을 이해하지 못하기 때문에 주식을 정리해 버릴 것이니 은행에 맡겨진 주식을 되살 수 있도록 협조해 달라고 호소했다. 헬레나는 투자 은행에 압력을 행사하여 폭락한 주식 70%를 150만 달러의 헐값에 다시 매입하는 데 성공했다.

그녀는 대공황의 늪에서 단기간에 583만 달러라는 막대한 이익을 챙긴 것이다.

이로써 헬레나는 화장품으로 시작해서 1941년, 미국 굴지의 억만장자가 되었다. 그녀는 큰손답게 뉴욕의 고급 주택가 파크애비뉴에 있는 초호화 아파트를 사려고 부동산 거래소에 들렀다. 그러나 유대인이라는 이유로 구입을 거절당하자 곧바로 부동산에 손을 뻗어 아파트가 속해 있는 건물 전체를 매수해 버림으로써 여걸다운 기개를 보여줬다.

'헬레나 루빈스타인사'는 단 한 종류의 수제 크림으로 시작하여 5만 종이 넘는 화장품을 내놓는 대기업이 되었다. 그리고 신규 참여자들을 설득하여 백화점에서 잡화점까지 고수익 상품을 쉴 새 없이 공급했다. 이렇게 하여 헬레나 루빈스타인 화장품은 전 세계 일류 백화점을 안방처럼 점령했다.

그녀는 작은 몸집의 여성이었지만 전 세계의 패션과 신문 광고, 잡지, 라디오, 텔레비전 등 산업계에 큰 공헌을 했다. 그리하여 유대 여성으로서 역사에 한 획을 긋는 위대한 기업인으로 기록되었다.

미국의 유수 기업 뒤퐁사의 회장 샤피로

뒤퐁사는 1802년 뒤퐁화약사로 출발하여 명실공히 200여 년 동안 세계적인 기업으로 군림했다. 그리고 1970년 샤피로 회장이 전임자 찰스 맥코이에 이어 회장이 되기까지 뒤퐁 집안이 이 회사를 경영해 왔었다. 그런데 샤피로 회장을 영입한 것은 전례가 없는 대사건이었다. 거기에다 회장이 유대인이라니 참으로 충격적인 사건이 아닐 수 없었다.

그간 록펠러나 뒤퐁이 유대계가 경영하는 회사라는 소문이 있었지만 이 두 명문 재벌은 유대인과는 아무 상관이 없었다. 뿐만 아니라 두 회사의 오너는 자존심이 강해서 유대인과는 상종도 하지 않는다고 공언할 정도였다.

그런데 세계 최대의 화학기업 뒤퐁사가 1974년 유대인 어빙 샤피로를 회장으로 영입했다. 샤피로 회장은 자기가 유대인이라는 사실을 숨기지 않았다. 그간 공공연히 유대인이라면 상종도 않겠다고 하던 말이 깨지고, 자신이 침을 뱉고 돌아선 그 우물 물을 다시 마신 격이 되었다.

어빙 샤피로는 1916년에 세탁소를 경영하는 유대인 가정에서 태어났다. 아버지는 리투아니아 태생이었다. 집에서는 독일계 유대인이 쓰는 이디시어를 썼다고 하니 전형적인 유대인 이민 가정이었다.

어빙 샤피로는 삼형제였는데 어렸을 때는 8㎞나 떨어진 학교를 통학했다. 샤피로의 아버지는 세 아들 중에서 제일 똑똑한 큰 아들을 법률가로 만들기 위해 형편이 어려운 가운데에서도 대학에 진학시켰다.

샤피로는 1941년에 미네소타 대학 법학부를 4등으로 졸업했다. 우수한 성적으로 졸업했지만 유대인이라는 이유로 어느 법률 사무소에도 취직할 수가 없었다. 반유대 감정 때문이었다. 당시 뉴욕이나 시카고 등 일부를 제외하고는 그런 정서가 강하게 흐르고 있었다.

샤피로의 우수성을 아는 교수들이 유대인 라벨이 붙은 이름을 바꾸라고 권했지만 그는 거절했다.

"나의 부모님은 나를 대학에 보내기 위해 모진 고생을 감수했습니다. 그런데 취직을 하기 위해 조상 대대로 내려온 이름을 버리라니 전 그런 짓은 못합니다. 나 자신만을 위해 사는 것은 스스로 용서할 수 없습니다."

이 말은《탈무드》의 위대한 현자 힐렐의 말이다. 힐렐은 '자기가 하고 싶지 않은 일을 남에게 강요하지 말라.'고 했다.

인간이 자기 몸을 깨끗이 하는 것은 매우 중요한 일이다. 로마인들은 거리의 동상은 깨끗이 닦으면서도 정작 자신의 몸은 깨끗이 닦지 않았다고 전한다. 이 말도 유대인들이 로마의 핍박을 받는 동안 만들어낸 말일 것이다.

샤피로는 자기 자신에게 늘 이렇게 타이르고 되뇌었다.

"만약 내가 자신만을 위해 존재하는 것이 아니라면 나는 누구인가? 또 내가 나 자신만을 위해 존재하는 것이라면 나는 누구인가? 그럼 지금 내가 나 자신이 아니라면 나는 언제 내가 되는 것인가?"

샤피로는 이런 문제를 놓고 끊임없이 생각하고 스스로를 점검했다.

자기의 정체성을 놓고 이렇게 심각하게 고뇌해본 사람이 얼마나 있을까? 참으로 깊은 성찰을 통한 토로가 아닐 수 없다. 이런 고뇌는 유대인이라면 깊고 얕은 차이는 있을지언정 수없이 되뇌이는 사실일 것이다.

자신의 주체성과 '나'라는 괴리 속에서 겪지 않으면 안 될 통렬한 고뇌였다. 샤피로는 마침내 아무도 나를 고용해 주지 않는다면, 내 일을 하면 된다는 결론에 이르렀다. 이런 생각으로 작지만 자기 법률 사무소를 열었다.

제2차 세계대전이 발발하자 그는 워싱턴의 전시 물가통제국에 들어가 일하게 되었다. 그때 옆자리에서 같이 일한 사람이 나중에 대통령이 된 리처드 닉슨이었다.

1943년, 법무성으로 자리를 옮긴 그는 자신의 잠재력을 발휘하기 시작했다. 한마디로 그의 손을 거치면 완벽한 공소장이 되었다. 그는 눈에 띄게 실적을 쌓아 갔다. 앞뒤를 자로 잰 듯 치밀한 일 처리가 그를 성공의 길로 안내했다.

그런 능력을 인정받아 1950년, 자기보다 앞서 일한 오스카 프로포스트의 권유로 뒤퐁에 입사하는 계기를 맞은 것이다.

뒤퐁사는 당시 GM 주식의 23%에 해당하는 630만 주를 가지고 있었으며 이것 때문에 반트러스트 법 위반으로 고발당한 형편이었다.

샤피로는 입사하여 6주 동안 반트러스트 법 연구에 전념했다. 법률가로 살아온 그였기에 법률의 체제나 논리에 허점은 없는지 면밀히 분석했다. 그는 법적 논쟁에서 논리적으로 대응해 입장을 반듯하게 피력하는 강점이 있었다.

입사 2개월이 지났을 때 샤피로는 반트러스트 법에 정통한 변호사가 되었다. 그러나 샤피로는 입사 초년생으로 법무실과 중역실을 오가며 변호인들의 의견을 중역들에게, 그리고 중역들의 의견을 변호인단에게 전하는 전달자에 불과했다.

그런 샤피로가 일약 미국의 뒤퐁 회사 11만 3,000명의 최고 의사 결정권을 맡아 경영자가 되었으며, 1981년 퇴직할 때까지 뒤퐁사를 이끌었다.

이로써 미국 사회에서 유대인들이 착실하게 뿌리내리고 있는 모습을 실질적으로 보여준 셈이다. 그 외에도 미국의 국무장관, 재무장관, FBI 의장 등 중요 요직에서 수많은 유대 사람들이 활동하고 있다.

미국 사회는 평등을 내세우지만 그 내부를 들여다 보면 심한 편견이 있으며, 그리스도교인이 아니면 소수파로서 등용이 쉽지 않다. 같은 실력이라면 WASP(White Anglo-Saxon Protestant, 즉 백인으로 앵글로 색슨계의 신교도인 사람) 쪽에 비중을 두는, 평등 속의 편견이 엄연히 존재하고 있기 때문이다.

샤피로 이후 아직 제2의 샤피로의 등장은 없다. 실력 위주라고 말은 하지만, 인정받기 위해서는 다른 사람보다 두 배의 노력과 재능을 필요로 하기 때문이다.

어쨌든 미국 사회에서 불과 3~4%의 인구라는 것이 믿어지지 않게 금융정부를 이끌고, 국방 무기의 자금 파이프 라인 역할을 하는 거대 주역들이 유대인들과 연결되어 있다면 누가 믿겠는가? 유대인들 중 요직에 오른 사람들을 보면, 한결같이 다른 사람들보다 뛰어난 논리와 이론을 바탕으로 샘솟는 상상력을 갖추고 있음을 보게 된다.

샤피로 이외에도 세계적으로 많은 사람들이 보이지 않는 곳에서 세계 평화에 이바지하고 있지만, 이 몇 사람을 통해 전체를 상상해 볼 수 있으리라 믿는다.

2

탈무드의 지혜

Chapter 1

탈무드의 지혜·눈

커뮤니티의 중요성

JCC(유대커뮤니티센터)는 유대인의 사회에서 매우 색다른 공동체이다. 순수한 유대인 단일 인종 공동체가 아니라, 러시아계, 영국계, 프랑스계, 이스라엘계, 미국계 등 여러 계통의 유대인들이 모여 그룹을 형성하고 있다. 따라서 유대인의 계율을 엄격하게 지키는 사람과 그렇지 않은 사람, 자선에 힘쓰는 사람과 그렇지 않은 사람 등 각양각색의 유대인들이 저마다 출생국 특유의 국민성을 띠고 있어 전혀 통일성이 없는 커뮤니티이다.

그러한 혼합된 군집 사회에서는 약간의 긴장 상태가 존재하기 마련이다. 그 공동체도 마찬가지여서 서로 반목하는 나머지 두 개의 그룹으로 분열될 위기에 놓이게 되었다. 그래서 랍비는 그들에게 다음과 같은《탈무드》의 이야기를 했다.

"하나의 갈대는 쉽게 부러지지만, 백 개의 갈대를 다발로 묶으면 부러뜨릴 수 없이 아주 강하다. 또 개의 무리는 그냥 두면 서로 싸움을 하지만, 늑대가 나타나면 싸움을 그치고 힘을 합쳐 늑대를 물리친다."

아직도 유대인들은 안전을 보장받지 못하고 있다. 아랍이나 러시아인과 반유대주의자들에게 둘러싸여 있기 때문에 유대인들끼리의 싸움은 우선 피하는 것이 좋다고 랍비는 말했다.

지금은 그와 같은 근본적인 이해로 그다지 큰 말썽이 없이 지내고 있다.

솔로몬 왕의 판결

많은 사람들이 여러 가지 문젯거리를 가지고 와서 해결해 달라고 부탁한다. 그러나 그중에 같은 유형의 문제는 하나도 없다. 한 가지 공통점이 있다면, 그들 중 누가 거짓말을 하는지 가려내야 한다는 고민이 따른다는 점이다. 이는 매우 어려운 일이다.

《탈무드》에서는 그 점에 대해서 두 가지의 방법을 가르친다.

솔로몬 왕은 지혜가 뛰어나고 총명한 현인으로 알려져 있다.

어느 날 두 여자가 한 어린아이를 데리고 와 서로 자기 아들이라고 싸우면서 솔로몬 왕에게 판결을 요청했다.

솔로몬 왕은 여러 가지로 사실을 조사해 보았으나, 어린아이가 어느 쪽 여자의 아들인지 도대체 알 수가 없었다.

이런 경우 소유물을 공평하게 둘로 나누는 것이 유대인들의 일반적인 관례였다. 솔로몬 왕은 그 어린아이를 칼로 잘라 둘로 나누어 가지라고 명령했다.

그러자 한 여인이 갑자기 미친 사람처럼 울부짖으면서 애원했다.

"안 됩니다! 차라리 그 아이를 저 여자에게 주십시오!"

그 광경을 보고 솔로몬 왕은 그 여자에게 말했다.

"당신이 바로 이 아이의 진짜 어머니요."

솔로몬 왕은 어린아이를 그 여자에게 넘겨주었다.

타인의 생명

한 사람이 병이 악화되어 새로 개발된 약을 쓰지 않으면 회복될 수 없는 상황에 이르렀다. 한데 그 약은 여간해서 구하기가 힘든 것이었다.

때문에 그의 가족이 랍비를 찾아와서 부탁했다.

"당신은 저명한 교수, 훌륭한 의사와 약사를 많이 알고 있지 않습니까? 어떻게 해서든 그 약을 좀 구해 주십시오."

그래서 랍비는 잘 아는 약사에게 병든 사람의 이야기를 하고 도와 달라고 부탁했다. 그러자 약사가 말했다.

"만약 내가 가지고 있는 약을 그 사람에게 모두 준다면, 다른 사람이 그 약을 구하지 못해 죽을지도 모릅니다. 그래도 나에게 부탁하겠습니까?"

랍비는 생각할 여유를 좀 달라고 한 뒤 《탈무드》를 찾아 보았다.

한 사람을 죽이게 되면 자기가 살 수 있고, 그렇지 않으면 자기가 죽게 될 경우 어떻게 할까? 결론은 자기의 목숨을 구하기 위해서 다른 사람을 죽여서는 안 된다는 것이었다. 어떻게 자기의 피가 상대방의 피보다 더 진하다고 할 수 있겠는가? 어떤 사람도 자기의 목숨이 다른 사람의 목숨보다 더 소중하다고 할 수는 없다.

랍비는 《탈무드》의 내용을 읽고 나서 병든 사람의 가족들에게 어떻게 설명을 해야 할지 난처했다.

'내 관할 구역에 사는 사람의 생명이 위독해서 그 가족이 나를 찾아와 구원을 요청했는데…….'

랍비는 고민 끝에 《탈무드》의 지시대로 약을 구하는 일을 포기하기로 했다. 그 결과 병든 사람은 죽고 말았다.

솔로몬의 재판

안식일에 세 유대인이 예루살렘으로 갔다.

세 사람은 가지고 있는 돈을 마땅히 맡겨둘 곳이 없어 땅을 파고 함께 묻었다. 그런데 그들 중 한 사람이 몰래 그곳으로 가서 돈을 몽땅 꺼내 갔다.

다음 날 그들은 지혜가 많은 솔로몬 왕에게 찾아가서 세 사람 중 누가 그 돈을 훔쳐갔는지 판결해 달라고 요청했다.

솔로몬 왕이 그들에게 말했다.

"자네들 세 사람은 매우 현명하니, 우선 내 어려운 문제부터 해결해 주게. 그런 다음에 자네들의 문제를 해결해 주겠네."

솔로몬 왕은 세 사람을 보며 말했다.

"곱고 예쁜 아가씨가 한 청년에게 시집가기로 약속을 했네. 그런데 얼마 후 그 처녀는 다른 사나이와 사랑에 빠지게 되어 약혼자를 찾아가 헤어지자고 제의했지. 충분한 위자료도 지불하겠다고 했다네. 그러나 그 청년은 위자료 같은 것은 필요 없다고 하면서 그녀와의 약혼을 취소해 주었지.

그런 뒤 어느 날, 그녀는 돈 때문에 어느 노인에게 유괴되었다네. 그러자 그녀가 노인에게 사정하였지.

'내가 전에 약혼했던 남자에게 파혼할 것을 제안했을 때 그는 위자료도 받지 않고 나를 해방시켜 주었지요. 그러니 당신도 그와 똑같이 해주어야 합니다.'

그러자 노인도 몸값을 받지 않고 순순히 놓아 주었어.

그들 중에서 누가 더 칭찬받을 만한 사람인가?"

첫 번째 사람이 말했다.

"그녀와 약혼까지 했지만 파혼을 승낙해 주고 위자료도 받지 않은 청년이 칭찬을 받아야 합니다. 왜냐하면 그는 처녀의 의사를 존중해 주었을 뿐만 아니라 위자료도 받지 않았기 때문입니다."

두 번째 사람이 말했다.

"그렇지 않습니다. 아가씨야말로 칭찬받아 마땅합니다. 그 아가씨는 용기를 가지고 처음의 약혼자에게 파혼을 요청했고, 진정으로 사랑하는 남자와 결혼을 했습니다. 그거야말로 칭찬받을 만합니다."

마지막 세 번째 사람이 말했다.

"그 이야기는 너무 복잡해서 저는 도무지 갈피를 잡을 수가 없습니다. 우선 그녀를 유괴한 노인만 해도 그렇습니다. 노인은 돈 때문에 아가씨를 유괴했는데 돈도 받지 않고 풀어주다니 이야기의 앞뒤가 맞지 않습니다."

솔로몬 왕은 세 번째 사람에게 호통을 쳤다.

"이놈! 네가 돈을 훔친 도둑놈이다. 앞의 두 사람은 내 이야기를 듣고 애정이나 아가씨와 약혼자 사이에 가로놓인 인간관계에 관심을 보였다. 그런데 너는 돈밖에 생각하지 않았다. 네놈이 틀림없이 범인이다."

'10'이라는 숫자

누구에게든 말로써 상처를 주었다면 바로 사과해야 한다.

"지난번에 본의 아니게 실례되는 말을 하여 당신의 마음을 상하게 했습니다. 대단히 미안합니다."

그런데도 상대방이 용서하지 않을 경우에는 어떻게 해야 할까? 그런 경우 유대인들은 열 사람에게 이렇게 묻는다.

"나는 지난번에 어떤 사람에게 몇 가지 실례되는 말을 하여 그를 화나게 했기 때문에 그에게 사과하러 갔지만, 그가 용서해 주지 않았습니다. 나는 지금 진심으로 내 잘못을 뉘우치고 있습니다. 여러분은 내 잘못을 용서해 주시겠습니까?"

그런 후 열 사람이 모두 용서해 주면 그 잘못을 용서받은 것으로 생각한다.

만일 모욕을 당한 상대방이 죽어 사과할 수가 없게 되면, 열 사람을 그 무덤으로 데리고 가서 그들 앞에서 무덤을 향하여 용서를 빌어야 한다. 이 경우 열 명이란 숫자가 필요한 이유는 유대교의 교회에서 기도할 때는 열 명 이상의 사람이 있지 않으면 기도로 인정해 주지 않기 때문이다. 아홉 명 이하의 수는 개인으로 보고 열 명이란 수가 되어야 비로소 집단으로 인정하는 것이다.

정치적인 결정이 아닌 종교적인 결정도 역시 열 사람이 되지 않으면 안 된다. 결혼식에 있어서도 열 사람 이상이 모이지 않으면 공식적인 결혼식으로 인정하지 않기 때문에 결혼식을 거행하지 못한다.

불행 중에도 희망은 놓지 않아야

랍비 아키바가 나귀 한 마리와 개 한 마리, 그리고 작은 등불 하나를 가지고 여행을 하고 있었다.

날이 저물자 그는 낯선 집의 헛간에 여장을 풀게 되었는데, 나귀와 개는 한쪽 구석에서 잠자게 하고 등불 밑에서 책을 읽기 시작했다. 그런데 때마침 바람이 불어와 등불을 꺼버렸으므로 할 수 없이 잠을 청해야만 했다.

그날 밤, 사건이 일어났다. 여우가 나타나서 그의 개를 죽이고,

사자가 와서 나귀까지 물고 가버렸다.

날이 밝자, 그는 등불 하나만을 지닌 채 터벅터벅 길을 떠나야 했다. 이웃 마을 어귀에 이르렀으나 사람의 그림자는커녕 개미 새끼 한 마리도 보이지 않았다. 전날 밤 도적 떼가 그 마을을 습격하여 약탈과 살인을 자행하였던 것이다. 마을은 폐허가 되었고, 사람들은 모두 죽임을 당하여 한 사람도 살아남지 못했다.

만일 전날 밤 등불이 바람에 꺼지지 않았더라면 아키바도 그 도적 떼에게 발견되어 죽음을 면치 못했을 것이다. 그리고 여우가 개를 죽이지 않았더라면, 개가 짖어대 도적 떼를 부르는 결과를 초래했을 것이다. 또한 사자가 나귀를 물고 가지 않았더라면, 나귀가 소란을 피워 역시 도적 떼가 쳐들어 왔을 것이다.

그러니까 그는 자기가 소유했던 것 전부를 잃은 덕분에 도둑들에게 들키지 않았던 것이다.

그 일로 인하여 아키바는 다음과 같은 진리를 깨달았다.

"사람은 최악의 상황에서도 희망을 가질 필요가 있다. 불행처럼 보이는 일도 행운으로 연결되는 경우가 얼마든지 있다."

보트의 구멍 수리

회사에서는 종업원을 채용하기도 하지만 해고시키는 일도 종종 있다. 그런데 해고시키는 일처럼 고민스러운 일도 없다. 때로는 그것이 큰 사회적 문제로까지 확대되기도 한다.

한 유대인 회사에서 많은 유대인을 고용하고 있었다. 그런 경우 원인이 어디에 있든지 간에 그 종업원을 해고시키는 일은 매우 어렵다. 아내와 아이 등 부양 가족이 딸려 있기 때문이기도 하지만, 특히 유대인의 경우에는 한번 직장을 잃으면 여간해서 새로운 일자리를 구하기 힘들기 때문이다.

더욱이 외국에 나가 사는 경우 취업의 기회가 극히 적을 뿐만 아니라, 다른 나라로 떠나거나 이스라엘로 돌아가려 해도 돈이 필요하다. 그러므로 어떤 이유든 유대인 종업원을 해고시킨다는 것은 아주 어려운 일이 아닐 수 없다.

그런데 그 극히 드문 일이 발생했고, 고용주는 랍비를 찾아와 이렇게 말했다.

"나는 지금 종업원 한 명을 해고시켜야만 합니다. 지금은 그냥 넘어간다 해도 그는 어차피 해고당할 사람입니다. 그는 아무것도 할 수 없는 무능력자이기 때문에 다른 직장에 가더라도 마찬가지일 것입니다. 그러나 나는 그를 해고하고 싶지 않습니다. 랍비님, 그를 해고시키지 않아도 될 좋은 방법이 없을까요?"

랍비는《탈무드》의 이야기를 인용하였다.

한 사나이가 작은 보트를 가지고 있었다. 그는 해마다 여름이면 그 보트에 가족을 태우고 호수에 나가 낚시를 하며 즐겼다.

여름이 지나 배를 보관해 두려고 뭍으로 끌어 올렸는데, 배 밑에 작은 구멍이 뚫려 있었다. 그러나 아주 작은 구멍이라 겨울 동안에는 그냥 놓아두었다가 내년 봄에 수리하면 될 것이라고 생각했다. 그는 페인트공을 시켜 페인트만 새로 칠해 두었다.

이듬해가 되자 그의 아들 형제가 보트를 타고 싶어 했다. 그는 보트에 구멍이 뚫렸다는 것을 까맣게 잊어버리고 승낙해 주었다.

그리고 두 시간이 지나서야 배 밑에 구멍이 뚫려 있다는 사실을 기억해냈다. 그의 아이들은 아직 수영을 잘하지 못했다.

당황한 그가 급히 달려나갔는데 그때 두 아들이 배를 뭍으로 끌어 올리고 있었다. 그는 두 아들이 무사함을 보고 배 밑바닥을 조사했다. 그런데 구멍이 튼튼하게 막혀져 있었다.

순간 그는 페인트공이 페인트를 칠할 때 수리해 놓은 것이라는데 생각이 미쳤다. 그가 선물을 사들고 페인트공을 찾아가 선물을 건넸다.

"칠 대금은 이미 주셨는데, 왜 또 이런 선물을 주십니까?"

"배에 작은 구멍이 뚫려 있는 것을 당신이 그때 고쳐 주었지요? 내가 그 구멍을 수리해 달라는 부탁도 하지 않았는데 잘 막아 주었소. 덕분에 내 두 아들의 생명을 구했소. 참으로 감사하오."

아무리 작은 선행이라도 그것이 다른 사람에게 크게 도움을 줄 수 있다. 그리고 그런 생각을 한다는 것은 쉬운 일이 아니다.

랍비는 고용주에게 한 번만 그 유대인에게 기회를 주어 보라고 말했다.

원만한 협상이 최선이다

한 회사원이 있었다. 그는 회사로부터 부당한 대우를 받아 더 이상 근무할 수 없다고 생각해서 사장에게 말했다.

"나는 회사를 위해서 지금까지 열심히 일해 왔소. 그런데 회사의 부당한 대우로 인하여 나의 명예가 치명적으로 훼손되었습니다. 그러니 퇴직금이나 받고 그만두겠소."

사장이 반론을 제기했다.

"그렇지 않아도 당신이 일을 너무 태만하게 했기 때문에 해고시키려고 하던 참인데 퇴직금은 무슨 퇴직금이오?"

얼마 뒤, 그 사원은 회사 금고에서 돈을 꺼내고, 회사의 기밀 서류까지 훔쳐 가지고 외국으로 자취를 감추었다.

그로부터 한 달쯤 뒤, 그가 외국의 어느 도시에서 발견되었다는 소식이 왔다. 그러자 그 회사의 사장은 랍비를 찾아와 자취를 감춘 회사원에게 갈 수 있는 비행기표를 주며 부탁했다.

"그를 찾아가서 일을 원만하게 해결할 수 있도록 말 좀 해 주시오."

랍비는 그 남자가 있다는 도시에 도착하여 이틀 만에 그를 찾아냈다. 그는 랍비를 보자 크게 당황했다. 돈뿐만 아니라 비록 결정적으로 중요한 것은 아니지만 그 회사의 기밀 서류까지 빼내 도망쳐 왔기 때문에 그럴 수밖에 없었을 것이다.

랍비는 자신이 왜 이곳까지 찾아왔는지 설명해주고 그와 사흘 동안을 이야기했다. 랍비는 사소한 것들은 무시하고 문제의 본질이 무엇인가 생각했다.

사소한 문제는 법률이 처리해 줄 수 있는 일이고, 그보다 중요한 것은 유대인끼리 서로 다투고 충돌하는 것을 막는 일이었다.

랍비는《탈무드》의 내용을 인용하여 그에게 말했다.

"유대인들은 모두가 형제이며 한 가족이 아니오? 때문에 유대인끼리의 일은 조용한 가운데 해결해야 하오."

하지만 그는 자신의 주장이 정당하며, 또 자기가 하는 일은 자기의 자유라고 말했다.

"어쩌면 당신의 행동이 정당한지도 모르오. 그러나 모든 일을 자기 멋대로 하는 일은 용납될 수 없소."

그리고《탈무드》에 나오는 이야기를 계속 들려주었다.

많은 사람들이 같이 배를 타고 항해하고 있었다. 한데 한 남자가 끌을 가지고 자신이 앉아 있는 자리에 구멍을 뚫기 시작했다. 사람들이 놀라 그 이유를 묻자, 그는 태연하게 말했다.

"여기는 내 자리이니 내가 무슨 짓을 해도 상관하지 마시오."

얼마 뒤에 배는 바닷속으로 가라앉고 말았다.

같은 예로 어느 유대인이 회사의 돈과 서류를 가지고 종적을 감추었다. 주위의 다른 사람들이 뭐라고 말하겠는가? 정말 유대인들은 위대한 민족이라고 말하겠는가? 그것은 곧 전체 유대인의 오점이 될 것이다.

그제야 그는 비로소 랍비의 말을 납득하였다.

"랍비님이 결정해 주시는 대로 따르겠습니다."

그는 자기가 훔쳐갔던 돈과 서류를 내놓았다.

랍비는 다시 돌아와서 그 회사의 사장을 만나 남은 문제를 상의했다. 물론 그 사원의 주장이 옳다고 생각되면 돈과 서류를 다시 그에게 돌려주려고 생각했다. 그러나 앞뒤의 정황을 살펴 본 결과 그 사원의 요구가 정당하지 않아 얼마간의 퇴직금을 주는 것으로 문제를 원만하게 해결지었다.

결혼과 담장

유대인 사회에서는 결혼을 않고 사는 수녀원 같은 곳을 찾아볼 수 없다. 유대인들은 모두가 결혼을 하며, 인간은 자연스럽게 사는 것이 좋은 것이라고 생각한다.

《탈무드》에는 '1미터 높이의 담장이 100미터 높이의 담장보다 낫다.'고 적고 있다. 1미터 높이의 담장은 언제까지나 그대로 유지되지만, 100미터의 담장은 무너질 위험이 많기 때문이다. 인간이 평생 동안 섹스를 안 하고 살아가는 일이야말로 불가능한 일로, 이

는 100미터의 담장을 쌓는 일과 마찬가지라고 생각하는 것이다.

그래서 아내가 없는 유대인은 기쁨도 없고, 하나님의 축복도 없고, 선행도 쌓을 수 없다고 말한다. 《탈무드》는 '남자는 18세가 되면 결혼하는 것이 가장 합리적'이라고 적고 있다.

'7'이라는 숫자

유대인들에게 있어서 '7'이라는 숫자는 매우 중요하다.

우선 안식일을 보더라도 7일째 되는 날이며, 7년째 되는 해에는 밭을 묵혀 쉬게 한다. 또한 49(7×7)세는 대단히 경사스러운 나이로서, 그해에는 밭을 묵힐 뿐만 아니라 꾼 돈을 상환하지 않아도 채무가 소멸된다.

1년에 두 번 있는 축제 행사인 패스오버Passover, 즉 출애급을 기념하는 유월절과 수확에 대한 감사를 드리는 스코트 행사는 각각 7일 동안 계속된다.

유대인의 달력은 세계에서 가장 정확한 달력이다. 이집트의 지배에서 노예로 있다가 탈출한 때를 첫 달로 삼아 7개월째 되는 날이 새해가 된다.

미국의 경우 새해는 1월 1일이다. 그러나 미국에서 제일 중요한 달은 독립을 선포한 7월이다. 미국의 독립기념일이 7월에 있고, 회계년도나 학교의 학기가 모두 7월에 시작된다. 마찬가지로 유대인들도 애굽을 나온 때가 최초의 첫 달이 된다. 패스오버가 첫째 달이고, 그로부터 7개월째에 신년을 맞아 스코트 축제를 갖는다.

아버지의 지혜

예루살렘으로부터 멀리 떨어진 마을에 사는 한 지혜로운 유대인이 그의 아들을 예루살렘으로 보내 공부하게 하였다. 그런데 아들이 예루살렘에 가서 공부를 하고 있는 동안 중한 병에 걸렸다. 그는 아무래도 아들을 만나지 못하고 죽을 것 같아 유서를 쓰기로 했다. 그는 모든 재산을 데리고 있는 노예에게 상속하고 아들에게는 아들이 원하는 것 단 한 가지만 준다고 썼다.

그는 결국 죽었고, 노예는 자신의 행운을 기뻐하면서 예루살렘으로 달려가 주인집 아들에게 아버지의 죽음을 알리고 유서를 내밀었다. 유서를 받아 본 아들은 큰 슬픔에 빠졌다.

아버지의 장례를 치르고 난 아들은 아버지의 유서를 어떻게 해야 좋을지 생각하다가 랍비를 찾아가 상의하기로 했다. 아들은 랍비에게 유서의 내용을 설명한 다음 불만에 가득 찬 말투로 투덜거렸다.

"이제까지 제가 아버지께 노여움을 살 만한 일을 한 번도 한 적이 없는데, 아버지께서는 무슨 이유로 제게 재산을 상속해주지 않으셨는지 모르겠습니다."

랍비가 말했다.

"천만에! 자네 아버지께서는 매우 지혜로우시며 자네를 진심으로 사랑하셨던 것이네. 이 유서가 그것을 잘 말해주고 있잖아."

아들은 그 말을 납득할 수 없었다.

랍비가 다시 설명했다.

"자네도 자네 아버지처럼 지혜로워야 하네. 자네 아버지께서 진정으로 원하신 것이 무엇이었는지 잘 생각해 보게나. 그럼 자네 아버지께서 자네에게 남기신 것이 무엇인지 곧 깨달을 수 있을 걸세. 자네 아버지께서는 아들인 자네가 집에 없을 때 자신이 죽고 나면 노예가 재산을 전부 가지고 도망치거나, 마구 탕진해 버리거나, 자기가 죽었다는 사실마저도 자네에게 알리지 않을 수가 있다고 생각하셨네. 그래서 모든 재산을 일단 노예에게 상속한다고 하신 것일세. 그리되면 노예는 기쁜 나머지 자네에게 달려가 자네 아버지의 죽음을 알릴 것이고, 재산도 그대로 간수해 둘 것이라는 것을 알고 계셨던 것이네."

"그것이 제게 무슨 소용이란 말씀이십니까?"

"자네는 아직 젊은 탓에 역시 자네 아버님의 현명함에 미치지 못하는군. 노예의 재산은 모두 주인에게 속한다는 사실을 왜 생각하지 못하는가? 아버지께서는 유서에 자네가 원하는 것 한 가지만은 가지라고 쓰시지 않았는가? 그러니까 자네는 전 재산을 가진 노예를 선택하면 되는 것이야. 자네 아버지야말로 자식을 지극히 사랑하는 지혜로운 분이시라는 점에 고개를 숙이지 않을 수 없네."

그제야 아들은 아버지의 깊은 뜻을 깨달았고, 랍비의 말대로 한 다음 노예를 해방시켜 주었다. 그 후 아들은 항상 입버릇처럼 말했다.

"나이 많은 사람들의 지혜는 따르기 어렵다."

세 가지의 슬기로운 일

예루살렘에 사는 유대인이 여행 도중 병에 걸려 앓아눕게 되었다. 아무래도 살아날 가망이 없다고 생각한 그는 여관 주인에게 부탁했다.

"나는 이제 곧 죽게 될 것 같습니다. 내가 죽었다는 전갈을 받고 예루살렘에서 내 아들이 찾아오거든 내 소지품을 모두 내어 주십시오. 저의 모든 것이 그 안에 있습니다. 단, 그가 세 가지의 지혜로운 일을 하지 않으면 절대 내어 주지 마십시오. 내가 여행을 떠나올 때 이미 그에게 '내가 만약 여행 중에 죽는다면 세 가지의 지혜로운 일을 행하여야만 유산을 상속받게 될 것이다.'라고 유언을 해두었으니까요."

그 남자가 죽자, 여관 주인은 유대 의례에 따라 매장함과 동시에 그의 아들에게 기별하였다.

아들이 아버지의 부음을 전해 듣고 찾아왔다. 그렇지만 그는 자기 아버지가 돌아가신 여관을 찾을 수가 없었다. 그것은 그의 아버지가 죽기 전에 여관 주인에게 여관 위치를 아들에게 알려주지 말라고 부탁했기 때문이었다. 아들은 자기 힘으로 그 여관을 알아내야만 했다.

아들은 때마침 땔감 장수가 장작 다발을 한 짐 지고 걸어가는 것을 보고 그 땔감 장수를 불러 장작을 산 다음, 그것을 예루살렘에서 온 유대인이 죽은 여관으로 배달해 달라고 했다. 그러고 나서 그 땔감 장수의 뒤를 따랐다.

여관에 도착하자 여관 주인은 장작을 주문한 일이 없다고 했다. 그러자 땔감 장수가 말했다.

"아니올시다. 지금 제 뒤에 따라오신 분께서 이리로 배달해 달라고 부탁하셨습니다."

이것이 아들의 첫 번째 슬기로운 일이었다.

여관 주인은 그 아들을 기꺼이 맞이하여 저녁 식사를 차려주었다. 식탁에는 다섯 마리의 비둘기와 한 마리의 닭이 요리되어 나왔다. 그리고 주인 부부를 비롯해 두 아들과 두 딸이 함께 자리하여 모두 일곱 사람이 식탁에 둘러앉았다.

여관 주인이 유대인의 아들에게 말했다.

"상에 차려져 있는 음식을 모두에게 고루 나누어주시오."

그러자 아들이 손을 내저으면서 말했다.

"아닙니다. 주인어른께서 나누어주시는 것이 옳을 것 같습니다."

여관 주인이 또다시 말했다.

"아니오. 당신이 우리 집에 온 손님이니까 당신이 좋을 대로 나누어주시오."

아들은 하는 수 없이 음식을 나누기 시작했다. 그는 우선 비둘기 한 마리를 주인의 두 아들에게 나누어준 다음, 또 한 마리를 두 딸에게 나누어주었다. 그리고 남은 세 마리 중 한 마리를 주인 부부에게 나누어준 다음, 나머지 두 마리를 자기 몫으로 몽땅 차지했다.

이것이 그가 행한 두 번째의 슬기로운 일이었다.

집주인이 공평하지 못하다고 못마땅한 눈치를 보이자 아들은 다시 닭 한 마리를 가지고 먼저 닭의 머리를 떼어 주인 부부에게 준 다음, 두 다리를 떼어 두 아들에게 주었고, 두 날개를 떼어 두 딸에게 주었다. 그러고 나서 나머지의 커다란 몸통을 자기 몫으로 차지했다.

이것이 마지막 세 번째 슬기로운 일이었다.

그 꼴을 보고 있던 주인은 더 이상 참을 수 없다는 듯 벌컥 화를 내며 소리쳤다.

"이것 보시오, 손님! 당신이 비둘기 요리를 나누어줄 때는 아무 말도 안 했지만 닭 요리까지 그런 식으로 나누다니 더 이상 참을 수 없소! 이건 아무리 봐도 공평하지 않소. 도대체 이게 무슨 경우요?"

그러자 유대인의 아들이 차분하게 설명했다.

"처음부터 저는 이 음식을 나누는 일은 맡고 싶지가 않았습니다. 그렇지만 주인장께서 그렇게 간곡하게 말씀하시는 것을 받아들이지 않는 것도 예의가 아닌 듯싶어 나름대로 최선을 다해 나누었을 따름입니다. 그럼, 이렇게 나눈 이유를 설명해 드리겠습니다.

주인어른과 부인과 비둘기 한 마리를 합하면 셋이요, 두 아드님과 비둘기 한 마리를 합하면 또 셋이요, 두 따님과 비둘기 한 마리를 합하면 역시 셋입니다. 그리고 저와 비둘기 두 마리를 합하면 그 또한 셋 아닙니까? 그러니 이보다 더 공평한 방법이 또 어디 있겠습니까?

닭 요리도 마찬가지입니다. 주인 내외분께선 이 집안의 어른이시므로 머리를 드린 것이고, 두 아드님은 이 집안의 기둥이므로 두 다리를 드렸고, 두 따님은 이제 머지않아 날개가 돋쳐 시집으로 날아갈 것이므로 날개를 드린 것입니다. 그리고 저는 이곳에 올 때 배를 타고 왔으며, 돌아갈 때도 배를 타고 돌아가야 하니까 배와 같은 모양을 한 몸통을 가졌습니다. 이제 아버님께서 맡기셨던 유산을 제게 돌려주시면 고맙겠습니다."

가정의 평화

랍비 메이어는 설교를 잘하기로 널리 이름이 나 있었다. 그는 매주 금요일 밤이면 교회에서 설교를 했다. 그의 설교를 듣기 위해 많은 사람들이 교회로 몰려들었다. 그들 가운데 한 여인이 있었다.

다른 여인들은 금요일 밤이면 다음날 안식일에 먹어야 할 음식들을 준비하느라 바쁜데, 그녀는 메이어의 설교를 들으러 매사를 제쳐놓고 오는 것이었다. 그녀는 그날도 긴 시간 동안 메이어의 설교를 듣고 나서 흐뭇한 마음이 되어 집으로 돌아갔다.

그런데 문앞에서 그녀가 오기만 기다리고 있던 남편이 화를 내며 소리를 질렀다.

"내일이 안식일인데, 음식을 장만할 생각도 하지 않고 도대체 어딜 갔다 오는 거요?"

그녀가 남편의 카랑카랑한 물음에 대답했다.

"교회에서 랍비님의 설교를 듣고 왔어요."

그러자 남편은 더욱더 화가 나서 큰소리로 말했다.

"그 랍빈가 뭔가 하는 자의 얼굴에 당신이 침을 뱉고 오기 전에는 집에 발도 들여놓지 못하게 하겠소!"

남편한테 쫓겨난 그녀는 하는 수 없이 친구의 집에서 머무르고 있었다.

이 소문을 전해 들은 메이어는 자신의 설교가 너무 길었기 때문에 한 가정의 평화를 깨뜨리는 결과가 초래되었음을 알고 후회했다. 그는 그 여인에게 자신의 눈이 몹시 아픈데 침으

로 씻어야 나을 수 있다고 정중히 부탁했다.

"부인의 침으로 좀 씻어 주시겠소?"

그 말을 곧이곧대로 믿은 여인은 랍비의 눈에 침을 뱉었다. 단지 여인이 침 뱉는 모습만을 본 제자들이 의아하게 생각하여 메이어에게 물었다.

"하늘같이 높은 덕망의 랍비님께서 어찌하여 저 여인으로 하여금 얼굴에 침을 뱉도록 허락하셨습니까?"

랍비가 대답했다.

"한 가정의 평화를 위해서는 그보다 더한 일이라도 감수할 수 있는 것일세."

어리석음은 치료 방법이 없다

'돈'은 인간이 사용하는 도구이다. 세상의 모든 것과 견주어 값으로 치를 수 있는 것을 찾다가 만든 것이 금본위제도gold standard system이다.

이 금본위제도는 금金에 기초를 두는 것으로, 금환본위金換本位로의 이행이다. 즉, 금의 일정량과 등과관계를 유지시켜 계산하는 방식을 다룬 것이 금본위제도이다. 금은 황색 광택이 있는 원소로 그저 금속일 따름이다. 금속은 밀도가 높기 때문에 본성이 차디차다. 그래서 냉기가 도는데 이 작은 금 덩어리를 호주머니에 넣고 다니다 보면 인간의 따뜻한 열이 전도되어 따뜻함을 느낀다.

부자는 많은 금을 다 가지고 다닐 수 없기 때문에 금고나 은행에 따로 보관한다. 그렇기 때문에 사람의 손이 닿기가 쉽지 않다. 그러다 보니 금 본래의 차가움을 그대로 간직하고 있다.

돈도 금과 마찬가지여서 가지고 있는 사람에 따라 온기가 느껴지기도 하고 냉기가 감돌기도 한다. 다만, 부자는 돈에 둘러싸여 있기 때문에 금속의 냉기가 가족이나 이웃에 옮겨지는 경우가 있다. 그러다 보니 부자에게는 아들이 없고, 다만 상속자만 있을 뿐이라는 말을 새겨들을 필요가 있다. 돈 때문에 부모를 살해하는 경우가 바로 돈의 차가운 속성 때문이다.

돈을 벌기 위해 동분서주하다 보면 돈을 위해 사는지 무엇 때문에 사는지 헷갈릴 때가 있다. 그렇게 사는 도시 사람들을《탈무드》에서는 체룸 사람들을 들어 이야기한다.

체룸terum이라는 작은 도시는 고지대에 자리잡고 있어, 벼랑을 따라 꼬불꼬불한 길을 올라가야 하기 때문에 위험했다. 그래서 거기 사는 사람들은 자주 벼랑에서 떨어져 부상자가 속출했고, 골치 아픈 문제도 끊이지 않았다.

생선 장수가 벼랑에서 떨어져 생선을 실어오지 못하면 체룸 사람들은 생선을 먹을 수가 없었다. 우편배달부가 벼랑에서 실족하면 우편물을 잃어버려 소식이 두절되어 큰 문제가 되었다.

이런 일이 자주 일어나자 도시의 장로들이 모여 대책을 세우게 되었다. 도시의 기능을 되찾으려면 머리를 짜내 무슨 수라도 쓰지 않으면 안 되었다. 엿새 동안 머리를 맞대고 토론을 거쳐 마침내 결론에 이르렀다.

그 결론이라는 것이 벼랑에 병원을 세우자는 것이었다. 이는 엿새 동안 의논을 했는데도 대책이 나오지 않자 궁여지책으로 내놓은 방책이었다. 그러나 생선 장수와 우편배달부가 연속으로 사고가 나자 앞에 내놓은 대책은 무용지물이 되고 말았다. 아무 쓸데없는 의논으로 시간만 허비했을 뿐 적절한 대책이 아니었던 것이다.

《탈무드》는 이런 것을 경계한다.

사람은 돈으로 많은 가능성을 실현할 수 있다. 많은 사람들이 시 속에서 가난을 아름답게 노래하는 것을 자신이 사는 집안으로 끌고 들어오는 어리석음을 범하는 경우가 있다. 돈이 유용한 도구라는 것을 알고 마음속으로는 많이 갖기를 원하면서도 그 도구가 필요치 않다고 포장해서 말한다. 그러면서 돈이 없는 것을 오히려 깨끗한 것이라고 생각하는 위험을 깨닫지 못한다.

체룸 사람들이 그곳에 사는 한 계속 불편함을 느껴야 한다는 것과 돈을 벌어야 한다는 생각은 공존한다. 인간이 사는 동안 이 공존은 언제나 함께 할 것이다.

유대인 격언에 어리석은 자가 등장하는 이야기들이 있는데 이는 대체적으로 동정을 끌어내기 위한 것이다. 체룸 사람들을 내세운 《탈무드》의 예화도 마찬가지다.

《탈무드》의 격언에서 현명한 자는 어리석은 자로부터 교훈을 끌어낸다. 그러나 어리석은 자는 현명한 자로부터 교훈을 끌어낼 수 없다고 지적한다.

구세주가 이 땅에 찾아왔을 때 병든 환자를 모두 고쳐 주었다. 그러나 어리석은 자를 현명한 자로 만들 수는 없었다. 어리석은 자를 가르치는 일은 구멍 뚫린 주전자에 물을 붓는 것과 다름없기 때문이다. 그러나 어리석은 자라도 침묵을 지키고 있으면 성인처럼 보인다.

유대인들의 술에 대한 생각

유대인들은 술에 대하여 긍정적인 생각을 가지고 있다. 《탈무드》에 아침에 마시는 술은 '돌', 낮에 마시는 술은 '구리', 밤에 마시는 술은 '은', 사흘에 한 번 마시는 술은 '금'이라고 적고 있다.

유대인들은 술을 마시되 정신을 못 차릴 정도로 취하게 마시는 일은 거의 없다. 그래서인지 유대인들의 문학 작품에 등장하는 인물은 술과 연관되는 일이 없다.

술은 유대인들의 생활 속에서 끊으려야 끊을 수 없는 관계를 가지고 있다. 안식일의 즐거움을 위해 술을 나누어 마시는데 이때 어린아이들도 와인을 맛보고 향을 음미한다. 《성서》에서도 가나안의 혼인 잔치에서 술이 떨어지자, 예수의 어머니 마리아가 예수에게 부탁해 항아리에 술을 채우게 한다.

《탈무드》에서는, 술은 적당히 마시면 머리를 좋게 하고, 또 술이 있는 곳에는 약이 적어도 된다고 했다. 랍비 이즈마엘은 술은 마음의 문을 연다고 적고 있다. 그러나 지나치면 독이 된다는 말도 잊지 않는다.

또《탈무드》에서 여호와 앞에 나아갈 때 즐거움을 피하는 자는 여호와가 인간에게 주신 즐거움을 무시했기 때문에 내세에서 반드시 벌을 받는다고 적고 있다. 이는 긍정적인 생각을 가지고 즐겁게 살려는 유대인들의 삶의 태도를 말해주는 것이다.

Chapter 2

탈무드의 감성·귀

성스러운 것

유대인들은 동물에서 천사에 이르기까지 여러 계층이 있는 바 천사에 가까워질수록 성스러운 것으로 믿는다.

랍비가 학생들에게 물었다.

"신성한 사람이 되는 지름길은 무엇이냐?"

대부분의 학생들이 '하나님을 위하여 목숨을 바쳐야 한다.'고 대답했으며, 어떤 학생은 '항상 하나님께 기도하는 것'이라고 대답했다. 그야말로 각양각색의 대답이 나왔다.

랍비가 말했다.

"그것은 어떤 것을 먹느냐와 '야다', 즉 섹스를 어떻게 하느냐에 달려 있다."

학생들이 웅성거리며 말했다.

"그렇다면 돼지고기를 먹지 않거나 섹스를 하지 않는 일을 성스러운 것이라고 말씀하시는 겁니까?"

"유대인이라면 누구나 안식일을 지키고, 하나님을 위하여 목숨을 바치며, 하나님께 기도 드린다. 그리고 돼지고기도 먹지 않고, 야다 즉 섹스도 안식일에는 절제하는 것으로 되어 있다. 그렇지만 자신의 집에서 무엇을 먹는지는 남들이 보지 않기 때문에 전혀 알 수가 없다. 아무도 보지 않기 때문에 집에서 계율에 위배되는 식사를 해도 누구도 알 수 없다. 야다 또한 남들이 보지 않는 가운데 행하므로 남들은 알지 못한다.

따라서 집에서 무엇을 먹을 때와 야다를 할 때는 오로지 그 사람의 자율에 맡겨진 상태이므로 천사처럼 행동하거나 동물처럼 행동하거나 자유다.

그런 때 인간은 동물과 천사 어느 쪽에도 해당될 수 있다. 즉, 자신의 품위를 높일 수 있는 사람이야말로 진정 누구보다 빨리 신성한 사람이 될 것이다."

감사하는 마음

이 세상 최초의 인간 아담은 빵 하나를 만들어 먹기 위하여 얼마나 많은 일을 해야 했을까?

밭을 갈고, 씨앗을 뿌리고, 잡초를 뽑고, 곡식을 거둬들이고, 빻아서 가루로 만들고, 반죽을 하고, 굽는 등 열다섯 단계의 과정을 거쳐야만 했다.

그런데 지금은 돈만 있으면 빵집에 가서 만들어 놓은 빵을 얼마든지 사 올 수 있다. 옛날에는 한 사람이 해야 했던 열다섯 단계의 일을 지금은 여러 사람이 나누어 하고 있다. 따라서 빵을 먹을 때는 많은 사람들에게 감사하는 마음을 가져야 한다.

또 몸에 걸칠 옷 하나를 만들기 위해서도 얼마나 많은 노력을 기울여야 하는지 모른다. 양을 키우고, 털을 깎고, 실을 만들고, 옷감으로 짜고, 그것을 다시 옷으로 만들어 입기까지는 많은 어려움이 있다.

그러나 오늘날에는 돈만 있으면 옷 가게에서 마음에 드는 옷을 얼마든지 사 입을 수 있다. 과거에는 혼자 해야 했던 일들을 지금은 여러 사람이 나누어 하고 있다.

때문에 옷을 입을 때도 여러 사람들에게 감사하는 마음을 잊어서는 안 된다.

랍비의 답변

로마의 황제가 자신과 생일이 같은 이스라엘의 한 랍비와 친분을 유지하고 있었다. 양국 관계가 좋지 않을 때에도 그들 두 사람의 친분에는 변함이 없었다.

두 사람이 그렇게 절친한 사이임에도 불구하고 두 나라의 관계 때문에 의사소통에 여러 가지 어려움이 많았다. 그래서 황제는 랍비에게 무엇을 물어 보고 싶은 것이 있을 때면 심부름꾼을 보내어 그의 의견을 듣곤 했다.

어느 날, 황제가 다음과 같은 질문을 랍비에게 전했다.

"내가 꼭 하고자 하는 바가 두 가지 있다. 첫째는 내가 죽고 난 후 내 아들로 하여금 황제의 자리를 잇게 함이요, 둘째는 이스라엘의 도시 타이베리아스를 관세가 없는 자유 도시로 만드는 것이다. 그렇지만 이 두 가지 중 한 가지밖에 성공하지 못할 것 같은 예감이 든다. 두 가지를 모두 성공할 수 있는 방법이 없겠는가?"

그 당시 로마와 이스라엘은 관계가 최악의 상태였으므로 랍비는 황제의 질문에 답을 보내 줄 수가 없었다. 만일 자신이 로마 황제에게 그런 답변을 보낸 사실을 이스라엘 사람들이 알게 되면 엄청난 사태가 벌어질지도 모를 일이었다.

심부름꾼이 돌아오자 황제가 물었다.

"수고했다. 편지를 받고 나서 그가 어떻게 하더냐?"

"네! 그는 편지를 읽고 나자 자기 아들을 어깨 위에 올려놓더니 비둘기를 그 아들에게 주어 하늘 높이 날려 보내게 했습니다. 그뿐 아무 말도 없었습니다."

황제는 랍비의 뜻을 즉각 알아들었다. 그것은 '우선 황제의 자리를 아들에게 물려 준 후에, 그 아들로 하여금 관세를 자유화하도록 하면 된다.'는 뜻이었다.

얼마 후, 황제가 랍비에게 또 질문을 보냈다.

"내 정책에 반대하는 자들이 내 마음을 괴롭히고 있다. 어떻게 하면 좋겠는가?"

랍비는 지난번처럼 아무 말도 하지 않고 뜰에 있는 밭으로 나가, 채소 한 포기를 뽑아들고 들어왔다. 그리고 잠시 후 또 한 포기를 뽑아왔고, 그런 행동을 몇 차례 반복하였다.

이번에도 황제는 즉각 랍비의 뜻을 알아냈다.

'적을 한꺼번에 뿌리 뽑을 생각을 하지 마시오. 몇 차례에 걸쳐 채소를 뽑듯이 한 명씩 제거하도록 하시오.'라는 뜻이었다.

이렇듯 인간은 자기 생각을 말이나 글에 의지하지 않고도 충분히 무언의 대화로 나타낼 수가 있다.

진정한 비즈니스

히브리어로 돈을 '키소'라고 한다. 유대인들에게 있어서 돈은 인생의 목적이 아니라 수단이다. 유대인들에게 돈의 제2의 목적은 자녀를 낳아서 교육시키고, 결혼하여 가정을 가질 때까지 돌보는 수단이며, 제3의 목적은 자선을 베풀기 위함이다.

유대인들은 수입의 10% 이상을 자선을 위해 쓰고 있다. 예부터 유대인들은 돈을 벌어도 그것은 자기 것이 아니라 신 여호와에게 속하는 것이라고 생각해 왔다. 또 사업을 해서 번 돈이라 하더라도 그것은 여호와가 나에게 준 것이라고 여기고, 받은 것의 10%를 내놓는 것이라고 생각해 왔다.

그렇지만 상술은 그 발상 자체가 남다르다. '키소'라는 것이 그냥 굴러들어 오는 것이 아니라 들어오게끔 만들어야 한다는 생각을 가지고 있다. 그들은 '내가 가지고 있는 것을 필요로 하는 사람에게 파는 것은 비즈니스가 아니다. 비즈니스란, 자신이 가지고 있지 않은 것을 그것이 필요치 않은 사람에게 파는 것'이라고 말한다.

예를 들어 엽총을 가지고 싶어 하는 에스키모에게 자기가 사서 가지고 있는 엽총을 파는 것은 비즈니스가 아니다. 그것은 너무나 쉬운 것으로 누구나 할 수 있는 일이다. 진정한 비즈니스란 필요치 않을 것이라고 생각했던 사람에게 물건을 팔아 그 사람이 만족해야 비로소 비즈니스의 목적을 달성하는 것이다.

유대인들은 비즈니스를 통해 지독하게 돈을 벌지만, 그 돈은 자기 것이 아니라 단지 맡아 가지고 있는 것이라고 생각한다. 근본적으로 돈은 자신의 것이 아니라는 냉철한 생각을 하는 유대인이기 때문에 자선에도 인색하지 않다. 유대인들은 가난하거나 부유하거나 돈이 있는 것은 좋은 일이라고 말한다. 그러나 가난이 미덕이라는 사고방식은 갖지 않는다. 한 가지 특기할 만한 것은 자신을 가난하게 만들 정도로 자선을 베푸는 것을 엄격히 금한다는 사실이다.

옛날 중국의 어느 유학자는 자신이 가진 전 재산을 바다에 버린 뒤 가족들과 행복하게 지냈다는 이야기가 있는데, 이런 이야기는 유대인들에게는 통하지 않는다. 남도 주지 않고 귀중한 재산을 버린 사람은 바보로 취급한다. 유대인에게 있어 부란, 인간이 지배해야 하는 것이며, 세상을 위해 유용하게 사용함으로써 가치가 있는 것이다.

《탈무드》에서는 갖지 않는 것보다 갖는 것이 좋다는 재산에 대하여 '재산이 늘어나면 근심도 늘어난다.'고 말하고 있다. 큰 재산을 가져 그 때문에 근심이 늘어난다고 하여 그 재산을 버리는 것은 결코 옳은 일이 아니다.

유대인들은 돈에 대해서 분명한 견해를 가지고 있다. 돈은 저주의 대상도 아니며, 악처럼 멀리할 것도 아니다. 가지고 있으면서 잘 활용만 한다면 인간을 축복해 주는 것이라고 생각한다.

《탈무드》에서는 누구나 돈을 버는 방법을 알고 있다고 말한다. 그러나 번 돈을 어떻게 써야 하는지 그 방법을 알고 있는 사람은 몇 명이나 되겠느냐고 반문한다.

인간이 돈의 주인이 되어야 한다. 이 말은 불변이다. 그럼 돈의 가치는 얼마나 될까? 그것은 자신이 땀을 흘려서 벌어 봐야 안다.

분명 돈이 인간의 전부는 아니다. 그렇지만 돈이 없으면 움직일 수가 없다. 그래서 사람들은 매일 돈을 좇아 헤매고 있다. 그러나 인간이 추구해야 할 가치는 돈이 아니라 그것의 주인이어야 한다. 그렇지만 돈에 끌려다니는 경우가 있다. 돈이 없으면 돈의 주인이 되어야 할 사람의 가슴에 그만큼 근심이 쌓이기 때문이다.

성서에의 맹세

두 남자가 헐레벌떡 달려오더니 랍비를 찾았다. 두 사람의 관계는 돈을 빌려주고 빌린 채권, 채무자의 관계라고 했다. 그런데 돈을 갚을 날짜가 되자 빌려준 사람은 5천만 원을 주었다고 하는데, 빌린 사람은 2천만 원밖에 빌리지 않았다고 주장하는 바람에 랍비를 찾아왔다고 했다.

랍비는 어느 쪽이 거짓말을 하고 있는가를 알아내야 했다. 그래서 먼저 한 사람씩 따로 만나 이야기를 들은 다음, 두 사람을 같이 오라고 하여 셋이서 이야기를 나누었다. 그리고 이튿날 아침에 판결을 내리기로 약속했다.

두 사람이 돌아간 후, 랍비는 서재에 있는 여러 가지 책을 들춰보며 5천만 원을 빌려주었다고 주장하는 사람과 2천만 원밖에 빌려가지 않았다고 주장하는 사람의 심리 상태가 어떤지 연구했다. 물론 증거가 있다면 분쟁이 일어났을 리도 없겠지만, 유대인 사회에서는 친구 사이에 돈을 빌려주고 빌려갈 경우에 증서를 작성하지 않는 관습이 있어 누가 거짓말을 하고 있는지 확인할 방법이 없었다.

랍비는 2천만 원밖에 빌리지 않았다고 주장하는 남자가 어차피 거짓말을 하기로 작정했다면, 한 푼도 빌리지 않았다고 주장해도 마찬가지일 텐데, 하고 생각했다. 그와 동시에 5천만 원을 빌려주지 않고서도 빌려주었다고 주장하는 행위 역시 같은 경우가 된다고 여겨졌다.

그런데《탈무드》에 다음과 같은 가르침이 있었다.

거짓말쟁이가 거짓말을 할 때에는 철저하게 한다. 만일 어떤 사람이 그에게 불리한 사실을 이야기한다면 그 말에는 어느 정도 정직성이 있다고 보아야 한다. 아직 그에게는 다소나마 정직함이 남아 있기 때문이다. 따라서 당사자 두 사람이 모이면 그 거짓말하는 정도는 가벼워진다.

랍비는 5천만 원을 빌려왔는데 막상 상환일까지 2천만 원밖에 준비되지 않았을 경우, 2천만 원밖에 빌려가지 않았다고 억지를 쓸 수도 있다고 생각했다. 하지만 5천만 원을 빌려주었다고 주장하는 편 역시 거짓된 주장을 하고 있을지도 모를 일이었다.

그래서 랍비는 우선 2천만 원밖에 빌려가지 않았다고 주장하는 남자를 불러 빌린 돈이 정확히 얼마냐고 물었다. 남자는 분명히 2천만 원밖에 빌리지 않았다고 대답했다.

"당신에게 5천만 원을 빌려준 친구는 상당한 부자이므로 그 돈이 꼭 필요한 것은 아니오. 이래도 당신은 2천만 원밖에 빌리지 않았다고 주장하겠소?"

다시 다그쳐 물어보아도 남자는 여전히 그렇다고 대답했다.

랍비는 마지막으로 교회에 가서 《구약성서》에 손을 얹고 2천만 원밖에 빌리지 않았음을 맹세할 수 있느냐고 물었다. 그제야 그 남자는 몹시 곤혹스러워하면서 5천만 원을 빌렸다고 고백했다.

유대인이 아닌 사람은 이 일이 상상이 안 될지 모르겠지만, 유대인 교회에서 《구약성서》에 손을 얹고 맹세한다는 건 매우 중요한 일이다.

《구약성서》에 손을 얹고 거짓 맹세를 할 수 있는 사람은 직업적인 범죄자밖에 없다. 다만 《성서》는 매우 귀중한 것이므로 중요한 문제가 아니면 이 방법을 웬만해선 사용하지 않는다.

《성서》에 손을 얹을 경우 99.8%의 인간은 절대 거짓말을 하지 않는다. 그 정도로 맹세라는 것은 중요한 일이며, 또한 두려운 일로 인식하고 있다.

현재 미국이나 유럽의 법정에서 손을 들어 맹세하는 일도 여기서 유래된 것이다.

인간의 애정

이 세상에는 강한 것이 열두 가지가 있다. 돌도 그중 하나이다. 그러나 돌은 쇠를 당할 수가 없다. 돌은 쇠에 깎일 수밖에 없다. 쇠는 불에 녹아 버린다. 불은 물을 당할 수가 없다. 물은 구름에 흡수된다. 구름은 바람에 의하여 날려가고 흩어진다. 바람은 결코 사람을 날려 보낼 수 없다.

그런데 사람은 불안과 공포를 두려워하여 술로 떨쳐내려 한다. 술은 잠을 자고 나면 깨버리고, 수면은 죽음만큼 강하지 못하다. 그런데 그 죽음을 이기고 일어서는 것이 있다.

곧 인간의 애정이다. 죽음도 애정은 이기지 못한다.

축복해야 할 때

항구에 화물을 가득 실은 두 척의 배가 떠 있다. 한 척은 지금 막

출항하려는 배이고, 또 한 척은 지금 막 입항하는 배다. 그런데 출항하는 배에는 많은 사람들이 나와서 전송하고 있지만, 입항하는 배는 별로 환영하는 사람이 없다.

《탈무드》에 의하면 이와 같은 행동은 매우 어리석은 관습이다. 출항하는 배의 미래는 누구도 알 수 없다. 항해 중에 풍랑을 만나 침몰할지도 모른다. 그것을 왜 성대하게 전송한단 말인가? 오랜 항해 끝에 무사히 임무를 마치고 입항하는 배야말로 성대한 환영을 받아 마땅할 것이다.

인간 만사가 이와 마찬가지다. 이제 갓 태어난 아기에게는 모두가 축복을 아끼지 않는다. 마치 출항하려는 배를 떠들썩하게 환송하는 것과 같다. 그 어린아이가 인생이라는 넓고 막막한 바다에 막 출범하는 것처럼 그의 앞길에 어떤 일이 기다리고 있는지 예측하기 어렵다. 어린아이가 병을 앓다가 죽을지도 모를 일이며, 또 흉악한 범인으로 자라날지도 알 수 없다.

하지만 인간이 죽음을 맞이하게 될 때는 살아 오는 동안 어떤 일을 했는지 누구나 알 수 있다. 그러므로 이때야말로 사람들은 죽은 자를 성대하게 축복해 주어야 한다.

유대인들의 맹세

한 아버지가 아들에게 미리 유서를 썼다.

"내 재산 전부를 아들에게 준다. 그러나 내 아들이 바보가 되기 전에는 물려줄 수 없다."

유서의 내용을 전해 듣고 랍비가 찾아와서 물었다.

"당신은 참으로 엉터리 유서를 썼군요. 당신의 아들이 바보가 되지 않는 한 재산을 물려주지 않겠다니, 대체 무슨 이유입니까?"

그러자 그 아버지는 갈대 하나를 입에 물고, 괴이한 울음소리를 내면서 마루 위를 엉금엉금 기어다녔다.

그 행동은 자기 아들에게 아이가 생기면 그때 재산을 물려주겠다는 뜻이었다.

'어린아이가 태어나면 인간은 바보가 된다.'는 속담은 여기에서 만들어졌다.

유대인에게 있어 어린아이는 매우 소중한 존재이며 아이를 위해 부모는 모든 것을 희생한다.

하나님은 유대 민족에게 십계명을 내리실 때, 그들로부터 반드시 그것을 지키겠다는 맹세를 받으려 하였다. 때문에 유대인들은 먼저 그들의 위대한 조상인 아브라함과 이삭과 야곱의 이름을 들어 반드시 십계명을 지키겠노라고 맹세했다. 하지만 하나님은 허락하지 않았다. 그러자 앞으로 모을 모든 부富를 걸어 맹세했지만 역시 허락하지 않았다. 이번에는 유대인 중 모든 철학자의 이름을 들어 맹세했지만 이때도 하나님은 허락하지 않았다.

맨 마지막으로 유대인들이 그 십계명을 그들의 자식들에게 반드시 전해 주겠다고 어린아이들을 내세워 맹세하자 하나님은 그제야 승낙하였다.

더 큰 값어치

《구약성서》에는 하나님께서 아담의 갈비뼈를 뽑아 인류 최초의 여성 이브를 만들었다고 기록되어 있다.

어느 날, 로마 황제가 한 랍비의 집을 방문하여 물었다.

"하나님은 도둑이나 다름없다. 남자가 잠자고 있을 때 그의 갈비뼈를 몰래 훔쳐가지 않았는가?"

그러자 옆에서 듣고 있던 랍비의 딸이 답변을 하고 나섰다.

"황제 폐하, 폐하의 부하 한 사람만 제게 보내 주십시오. 좀 곤란한 문제가 생겼는데 그것을 알아보고자 하옵니다."

"그야 어렵지 않지. 그런데 네가 말하는 난처한 문제가 무엇이냐?"

"실은 어젯밤 저희 집에 도둑이 들었는데 금고를 훔쳐갔습니다. 그런데 그 도둑이 금고를 가져간 대신 황금 항아리를 놓고 갔습니다. 이것이 난처한 일이 아니고 무엇이겠습니까? 그래서 그 까닭을 알아 보고자 합니다."

"흠, 거 참 부러운 일이로다. 그런 일이라면 굳이 조사할 필요가 있겠느냐? 그런 도둑이라면 나도 맞아봤으면 좋겠다."

황제의 말이 끝나자 랍비의 딸이 결론을 내렸다.

"그것은 하나님께서 갈비뼈 한 개를 가져가신 대신 그 이상의 값어치가 있는 보물, 즉 여자를 세상에 남기신 것과 같습니다."

황제는 아무 말도 하지 못했다.

개의 매장

어떤 집에서 개를 기르고 있었다.

그 집의 가족들은 개를 아주 귀여워했다. 그중에서도 어린아이들이 유난히 더 개를 귀여워해서 잘 때도 자신들의 침대 밑에 재우며 함께 생활했다.

그러던 어느 날, 개가 죽고 말았다. 아버지는 언젠가 개는 죽게 마련이니까 어쩔 수 없는 노릇이라고 말했다. 아이들은 형제처럼 소중히 여기던 개였으므로 뒤뜰에다 묻어 주었으면 좋겠다고 했다.

그러나 그 의견에 아버지가 반대하여 가족들 사이에 큰 논쟁이 벌어졌다. 원만하게 합의가 이루어지지 않자 아버지는 랍비에게 상담을 청했다. 그는 먼저 유대의 전통에 개를 매장하는 의식이 있느냐고 물었다.

랍비는 그 물음을 받고 매우 당황했다. 지금까지 많은 상담을 받아왔지만 개에 관한 상담은 처음이었기 때문이다. 랍비의 머릿속에 맨 먼저 떠오른 것은 슬퍼하고 있을 아이들의 모습이었다. 랍비는 그 집을 방문하기로 했다. 랍비는 그런 이야기를 전화로 하지 않는다. 상대방을 직접 만나 이야기하는 것이 관례로 되어 있기 때문이다.

그 집을 방문하기 전에 랍비는 《탈무드》를 꺼내어 개의 매장에 관한 전례가 있는지 찾아보았다. 마침 좋은 이야기가 있었다.

어느 집 부엌에 우유가 놓여 있었는데 뱀 한 마리가 그 속으로 들어갔다. 옛날 이스라엘의 농촌에는 뱀이 많았다. 그런데 그 뱀이 독사였기 때문에 뱀의 독이 우유 속에 녹아들기 시작했다. 개만이 그 사실을 알고 있었다.

가족이 그 우유를 잔에 따르려 하자 개가 무섭게 짖어댔다. 그러나 가족들은 개가 왜 그렇게 심하게 짖어대는지 몰랐다. 마침내 한 사람이 그 우유를 마시려 하자, 개가 갑자기 덤벼들어 우유를 엎지르더니 그 우유를 핥아먹고는 그 자리에서 죽어버렸다. 그제야 가족들은 우유 속에 독이 들어있었다는 것을 알았다. 그 개는 죽었지만 주인과 사람들에게 많은 칭찬을 받았다.

랍비는 그 집에 가서 《탈무드》에서 읽은 개 이야기를 가족들에게 들려주었다. 그러자 아버지의 반대는 조금 누그러졌고, 마침내 아이들의 뜻에 따라 뒤뜰에 묻히는 것을 허락해 주었다.

지도자의 자질

항상 머리에 의해 끌려다니기만 하던 뱀의 꼬리가 머리에게 불평을 늘어놓았다.

"왜 나는 항상 너의 뒤에 붙어 끌려다녀야만 하지? 어째서 너는 내 의견을 묻지도 않고 네 마음대로 방향을 결정하는 거냐? 이건 공평하지 않아. 나도 뱀의 일부분인데 노예처럼 끌려다니기만 하는 것은 불공평하잖아!"

뱀의 머리가 말하였다.

"아니, 그걸 말이라고 하는 거냐? 너한테는 앞을 볼 수 있는 눈도 없고, 위험한 소리를 들을 수 있는 귀도 없고, 행동을 결정할 수 있는 생각도 없잖아? 나는 내 자신을 위해서 너를 끌고 다니는 게 아니라 너도 나의 일부이기 때문에 끌고 다니는 거야."

꼬리가 비웃으며 말했다.

"그따위 말은 지금까지 귀가 아프도록 들었다. 독재자나 폭군들은 모두가 자신을 따르게 하려고 그럴듯한 구실을 핑계 삼아 권력을 멋대로 휘두르며 폭력까지 행사한단 말이야."

그러자 뱀의 머리가 제안했다.

"그럼 꼬리야, 내가 하는 일들을 네가 맡아서 해 보렴."

꼬리는 몹시 기뻐했다. 그래서 당장 앞으로 나아가 움직이기 시작했다. 그런데 얼마 가지 못해 개울로 굴러 떨어지고 말았다.

꼬리가 빠져나오려고 애를 쓰면 쓸수록 더 깊은 곳으로 빠져들어 나중에는 아무런 대책을 세울 수 없었다. 하는 수 없이 머리가 나서서 이리저리 생각하고 고생한 덕분에 간신히 다시 기어나왔다.

뱀의 꼬리는 다시 몸을 끌고 움직이기 시작했다. 그러나 얼마 가지 못하고 이번에는 가시덤불 속으로 들어가 버렸다.

빠져나오려고 버둥거리면 버둥거릴수록 가시덤불에 더 깊이 박혀 마침내는 움직일 수조차 없게 되었다.

이번에도 머리가 애를 써서 다시 빠져나왔지만 온 몸이 상처투성이였다.

다시 꼬리가 앞장서서 기어가기 시작했다. 그런데 이번에는 산불이 나서 활활 타오르고 있는 곳으로 기어들어 가고 말았다. 온 몸이 뜨거워지기 시작했고, 다급해진 머리가 최선을 다해 달아나고자 노력했지만 때는 이미 늦었다. 결국 몸은 불에 탔고 머리도 함께 죽어 버렸다. 무모한 꼬리 때문에 머리까지 파멸하고 만 것이다.

사람도 지도자를 잘 선택해야지 뱀의 꼬리처럼 우둔한 자를 택하면 모두 죽고 만다.

인간의 삶

매우 마음씨 좋은 부자가 있었다. 그는 배를 타고 자신에게서 떠나는 노예에게 많은 물건을 주면서 말했다.

"이제부터 너는 자유의 몸이다. 네가 가고 싶은 곳으로 가서 그 곳에서 이 물건들을 팔아 행복하게 살아라."

배는 넓은 바다로 나갔으나 그만 폭풍을 만나 침몰되고 말았다. 배에 실었던 물건들은 모두 물에 빠졌고, 노예는 겨우 목숨만 건져 가까운 섬으로 헤엄쳐 갔다. 그는 모든 것을 잃었기 때문에 고독과 슬픔에 잠겨 있었다.

그는 옷도 걸치지 못한 채 벌거벗은 몸으로 섬 안의 마을로 들어갔다. 그런데 마을 사람들이 모두 달려나와 '우리의 왕!'이라고 외치며 그를 기쁘게 맞아 주었다. 그리고 궁전으로 안내하여 진짜 왕으로 받들었다.

그는 화려한 궁전에서 살게 되니 마치 꿈을 꾸고 있는 듯했다. 그런 현실이 믿어지지 않아 사람들에게 물었다.

"아무리 생각해봐도 알 수 없는 노릇이야. 내가 이곳에 벌거숭이로 들어왔는데 사람들이 나를 왕으로 받들어 주다니. 도대체 그 이유가 무얼까?"

그러자 한 사람이 말했다.

"우리들은 살아 있는 인간이 아니라 영혼들입니다. 그래서 매년 한 번씩 살아 있는 한 사람이 이곳으로 와서 우리의 왕 노릇을 해

주기를 고대하고 있지요. 그렇지만 이 점만은 염두에 두셔야 할 겁니다. 왕께서는 만 1년이 지나면 이곳으로부터 추방되어 생명체도 없고 먹을 것도 하나 없는 황무지로 혼자 보내지게 된다는 것을……."

왕이 된 노예는 그 사람에게 감사했다.

"그게 사실이라면 지금부터 1년 후를 대비하여 여러 가지 준비를 하지 않으면 안 되겠군."

그리하여 그는 사막과도 같이 황량한 땅을 일구고 꽃과 과수를 심음으로써 1년 후에 있을 추방에 대비하기 시작했다.

마침내 1년이 되자 그는 예정대로 추방되었다. 그는 그곳에 도착할 때와 다름없이 벌거벗은 몸으로 황무지를 향해 떠나야 했다.

그가 황무지에 도착해 보니 들에는 채소가 자라고, 아름다운 꽃들도 피어 있었다. 나무에는 과일들도 주렁주렁 매달려 있었다. 그곳은 이미 황량한 곳이 아니었다. 또 그보다 먼저 추방되었던 사람들이 그를 따뜻하게 맞아 주었다. 그는 그곳에서 또다시 행복한 나날을 보낼 수 있었다.

이 이야기에는 여러 가지 의미가 있다. 처음의 부자는 자애로운 하나님의 상징이며, 노예는 인간의 영혼을 상징한 것이다. 그리고 노예가 처음 도착해서 왕이 된 섬은 이 세상을 상징한 것이고, 그 섬의 사람들이 만 1년 후에 추방되어 간 곳은 '사후 세계'의 상징이다. 그곳 섬에 피어난 아름다운 꽃들과 주렁주렁 달린 과일들은 그가 미리 베푼 '선행'의 결과였다.

삶의 이치

여우 한 마리가 포도밭 주변을 왔다갔다하면서 어떻게든 포도밭으로 들어가려고 애쓰고 있었다. 하지만 도무지 울타리를 뚫고 들어갈 방법이 없었다. 궁리에 궁리를 거듭하는 중에 아무것도 먹지 못한 여우는 살이 홀쭉하게 빠져 울타리 틈새를 뚫고 들어가는 데 성공했다.

포도밭에 들어간 여우는 맛있는 포도를 실컷 따 먹었다. 하지만 막상 포도밭에서 나오려 하자 배가 불러 도저히 빠져나올 수가 없었다. 여우는 또다시 사흘 동안을 굶어 몸을 홀쭉하게 만들어서 간신히 빠져나왔다. 그리고 투덜거렸다.

"결국 배고프기는 들어갈 때나 나올 때나 마찬가지군."

인간도 이와 마찬가지로 누구나 빈손으로 왔다가 빈손으로 가게 마련이다.

사람이 죽으면 가족과 재산과 선행 등 세 가지를 세상에 남기게 된다. 이 세 가지 중 가장 중요한 것은 선행이다.

복수와 증오

어떤 사람이 이웃에게 가서 낫을 빌려달라고 했으나 이웃 사람은 싫다고 거절했다.

얼마 후 그 이웃 사람이 찾아와 말을 좀 빌려달라고 했다. 그러자 지난 일을 핑계로 거절했다.

"당신은 낫을 빌려주지 않았는데 내가 말을 빌려줄 것 같소?"

이것은 복수다.

어떤 사람이 이웃에게 낫을 빌려달라고 하자, 그 이웃 사람은 안 된다고 거절했다.

얼마 후 반대로 그 이웃 사람이 그에게 찾아와 말을 빌려 달라고 했다. 그러자 그는 이렇게 말하면서 빌려 주었다.

"자네는 내게 낫을 빌려주지 않았지만 나는 말을 빌려주겠네."

이것은 증오다.

부부 화해법

외국에 주둔하고 있는 미군 부대에는 많은 수의 랍비가 군목軍牧으로 있다.

그들은 대부분 신학교를 갓 졸업한 젊은이들이다. 때문에 그들은 어떤 문제가 생기면, 장로와 같은 위치에 있는 나이 든 랍비에게 찾아가 의견을 묻거나 전화를 한다.

어느 날 젊은 랍비가 부부싸움을 한 뒤 나이 든 랍비를 찾아왔다. 나이 든 랍비는 그 부부에게 다른 랍비와 함께 이야기를 들어도 괜찮겠냐고 물어 승낙을 얻었다.

부부간의 문제를 들을 때는 남편과 아내가 맞닥뜨리면 싸움만 하게 되므로, 두 사람을 따로 떼어놓고 들어야 한다.

한 사람씩 따로 만나 이야기를 들어보면, 서로 배우자를 소중히 생각하고 있다는 사실을 알 수 있다. 그래서 인내심을 가지고 대하면 대개의 경우 해결점을 찾게 된다.

나이 지긋한 랍비는 한 젊은 랍비와 함께 남편의 이야기를 다 듣고 그의 주장을 모두 인정했다. 다음은 아내의 이야기를 다 듣고 그녀의 말이 모두 옳다고 찬성했다.

그들 부부가 돌아간 뒤 나이 든 랍비는 동석했던 랍비에게 물었다.

"자네라면 어떻게 판결하겠는가?"

"저는 전혀 이해가 가지 않습니다. 선생님은 남편의 말을 들었을 때도 그의 말이 전부 옳다고 인정하시더니, 아내의 말을 들었을 때에도 역시 전부 옳다고 인정하셨습니다. 두 사람이 전혀 다른 주장을 내세우고 있는데 어째서 두 사람의 주장이 다 옳다고 할 수 있습니까?"

나이 든 랍비는 젊은 랍비의 지금 이야기가 가장 옳다고 말했다.

그렇다면 나이 많은 랍비를 줏대 없는 사람이라고 생각할 것인가?

여러 사람들이 어떠한 문제를 가지고 찾아 왔을 때, "당신은 옳고 저 사람은 틀렸다." 하는 식으로 잘라서 판결해서는 안 된다. 그러면 그들의 마찰을 더욱 크게 만들지도 모른다. 이럴 경우에는 먼저 쌍방의 흥분 상태를 안정시켜야 한다. 그러니까 쌍방의 주장을 모두 수긍해 줌으로써 서로가 냉정을 되찾아 평정된 상태라야 화해할 수 있는 것이다.

따라서 이러한 문제가 발생했을 때는 상대방의 이야기를 잘 들어 주는 것이 해결의 단서가 되는 것이다.

축복의 말

랍비와 의사 그리고 환자, 세 사람이 함께 병실에 있었다. 환자는 중상을 입고 심한 내출혈로 고통스러워하다가 마침내 의식불명 상태에 빠져 버렸다. 주위는 역한 냄새로 가득 차 있는 가운데 의사는 환자의 생명을 구하기 위해 애를 쓰고 있었다.

환자는 수혈을 멈추면 생명이 끊어져 버릴 상태였기 때문에 의사는 거의 체념한 얼굴로 랍비에게 물었다.

"랍비님은 지금 무슨 생각을 하고 계십니까?"

"예, 나는 지금 환자의 출혈이 너무 심해서 생명이 위독하다고 생각하고 있습니다."

잠시 후 수혈을 멈추자 마침내 환자는 죽었다. 의사는 허탈감에 빠져 랍비에게 도움을 청했다.

랍비는 《탈무드》에 나오는 이야기를 해주었다.

"유대인은 왕을 만날 때나, 식사를 할 때나, 떠오르는 해를 볼 때나 모든 경우에 축복의 말을 합니다. 심지어 화장실에 갈 때도요."

의사가 다시 물었다.

"그럼 화장실에 갈 때면 어떤 축복의 말을 하십니까?"

"사람의 몸은 뼈와 살과 그 밖의 여러 기관으로 이루어져 있습니다. 한데 몸 안에서 닫혀야 할 것은 닫혀야 하고, 열려야 할 것은 열려야 합니다. 만약 그것이 반대로 되면 안 되기 때문에 나는 언제나, '열려야 할 것은 열어 주시고, 닫혀야 할 것은 닫아 주옵소서.'라고 빌고 있습니다."

그러자 의사가 말했다.

"그 기도문은 인체 해부학에 정통한 사람의 말과 똑같군요."

우는 이유

외국의 한 도시에 예의 바르고 평판이 좋은 유대인이 살고 있었다. 그는 자선을 많이 베풀어 칭찬이 자자했으나 유대인 공동체엔 소극적이었다. 랍비가 식당에서 그와 같이 식사를 하게 되었다.

유대인들은 신분이나 직업에 따라 인사하는 스타일이 각기 다르다. 장사를 하는 사람을 만나면 "요즈음 사업이 잘 됩니까?" 하는 질문을 하고, 랍비를 만나면 "요즘 재미있는 책을 읽으셨습니까?" 또는 "요즈음 재미있는 생각을 많이 하셨습니까?" 하는 식으로 묻는다. 공부하는 것을 직업으로 삼고 있는 랍비는 누구를 만나든 항상 유익한 이야기를 할 수 있도록 늘 머릿속에 여러 가지 이야기를 가득 담고 다닌다.

아니나 다를까, 그는 랍비를 만나자 요사이 재미있는 책을 많이 읽었느냐고 물었다.

"네, 《탈무드》에서 아주 재미있는 이야기를 읽었습니다. 당신도 그 부분을 꼭 읽어 보십시오."

그러고는 다음과 같은 이야기를 들려주었다.

한 훌륭한 랍비가 있었다. 그는 언행이 고결하고 친절하고 자애로워 사람들부터 존경을 받았다. 주의력 또한 세심하였고, 하나님을 공경하는 마음도 깊었다. 길을 걸을 때에는 한 마리의 개미도 밟지 않도록 조심해서 걸었고, 하나님께서 창조하신 작품을 조금이라도 깨뜨리지 않기 위해서 늘 신중하게 생활했다. 물론 그의 제자들도 그를 대단히 존경하고 있었다.

80세가 넘은 그는 몸이 쇠약해져 죽음이 가까이 오고 있음을 느꼈다. 제자들이 찾아와 안타까워하자 그는 갑자기 눈물을 흘렸다.

제자들이 놀라 물었다.

"선생님, 왜 우십니까? 선생님께서는 공부하지 않은 날이 단 하루도 없었고, 저희들을 열심히 가르치지 않은 날 또한 단 하루도 없었습니다. 또 자비를 베푸시지 않은 날이 단 하루라도 있었던가요? 때문에 선생님께서는 이 나라에서 가장 존경받으시는 훌륭한 분입니다. 더구나 정치와 같은 더러운 세계에는 단 한 번도 발을 들여놓으신 적이 없습니다. 그런 선생님께서 눈물을 흘리시다니 무슨 까닭입니까?"

랍비가 말했다.

"바로 그렇기 때문에 울고 있는 것이다. 마지막 순간에 '너는 공부를 했느냐?', '하나님께 기도를 했느냐?', '너는 자선을 베풀었느냐?', '너는 행실을 바르게 했느냐?'라고 묻는다면 나는 모두 '네.'하고 대답할 수 있다. 그러나 '너는 평범한 인간 생활에 어울려 본 적이 있느냐?'고 묻는다면 '아니오.'라고 할 수밖에 없다. 그래서 울고 있는 것이다."

랍비는 자신만의 사업에는 성공했지만, 유대인 사회에는 얼굴조차 내놓으려고 하지 않는 예의바른 그 유대인에게 《탈무드》의 이야기를 해주었다. 그리고 당신도 지금부터는 유대인 사회에 참여하는 것이 어떻겠냐고 권유했다.

Chapter 3

탈무드의 이성·머리

생명의 바다

유대인들은 세계의 많은 민족들 중에서 자선을 가장 중요시한다. 그러나 오늘날에는 많은 유대인들이 누가 권하지 않으면 베풀지 않는 것을 볼 수 있다. 그때마다 랍비는 다음과 같은 이야기를 한다.

이스라엘 요단강 근처에 두 개의 큰 호수가 있다. 하나는 '사해死海'요, 다른 하나는 히브리어로 '살아 있는 바다生海'라는 뜻을 가진 호수다. 죽음의 바다 '사해'에는 밖에서 물이 들어오지만 다른 데로 나가지는 않는다. 한데 '살아 있는 바다'는 한쪽에서 물이 들어오면 다른 한쪽으로는 흘러 나간다.

자선을 베풀지 않는 사람은 사해와 같다. 돈이 들어오기만 하고 나가지 않는다. 하지만 자선을 베푸는 사람은 '살아 있는 바다'와 같다. 즉 돈이 들어오고, 또 나가기도 한다. 사람은 누구나 '살아 있는 바다'가 되지 않으면 안 된다.

황새와 사자 이야기

언젠가 A나라에서 B나라로 온 유대인과 랍비가 이야기를 나누었다. 이주해 온 유대인들 가운데는 A나라 편이 되어 B나라를 싫어하거나, 또는 그 반대 현상을 보이거나, 두 나라를 다 싫어하거나, 혹은 두 나라를 다 좋아하는 등 갖가지 타입의 사람이 있게 마련이다.

예의 유대인은 전시에 B나라가 A나라를 점령했을 때 유대인을 학대했다고 해서 B나라에 대해 좋지 않은 감정을 가지고 있었다. 그 당시 유대인들은 특별 거주 지역이 지정되어 집단으로 갇혀 있어야 했고, B나라 경비병에게 감시까지 당했다. 유대인들은 자주 구타당하고, 전염병으로 많은 친지들이 죽기도 했고, 식량 사정이 나빴기 때문에 괴로운 추억을 갖고 있는 사람들이 많았다.

"유럽에서는 6백만 명 가량의 유대인이 학살되었습니다. 전시의 유럽에 있었던 유대인만큼 비참한 사람들도 없었지요. 현재 당신이 B나라에 와 나에게 전쟁 중에 괴로웠던 이야기를 하고 있는데, 이것은 당신이 살아 있다는 증거가 아니겠습니까? 《탈무드》에는 이런 이야기가 있습니다."

랍비는 목에 뼈가 걸린 사자 이야기를 했다.

사자는 목에 뼈가 걸리자 누구든 자기 목에서 뼈를 꺼내 주는 자에게 큰 상을 주겠다고 말했다. 그러자 황새가 날아와서 제 머리를 사자의 입 속에 들이밀고 긴 부리를 이용하여 뼈를 꺼내 주고 나서 물었다.

"사자님, 제게 어떤 상을 내리시겠습니까?"

그러자 사자는 황새를 노려보며 말했다.

"내 입속에 머리를 넣고도 살아나온 그것이 바로 상이다. 그렇게 위험한 지경에서도 살아서 돌아간다는 건 큰 자랑이 될 것이니 그보다 더 큰 상이 어디 있겠느냐?"

불공정 거래

한 상인이 랍비를 찾아와 다른 상점에서 물건을 부당하게 싸게 팔아 자기네 손님을 빼앗아 가고 있다고 호소했다.

《탈무드》에는 부당 경쟁에 대한 이야기가 꽤 많이 적혀 있다. 하지만 랍비는 그때까지 《탈무드》 안에 그런 기록이 있다는 사실을 전혀 모르고 있었다. 그래서 일주일 동안 《탈무드》를 연구한 다음 판결을 내려주기로 했다. 《탈무드》에는 다음과 같은 기록이 있다.

어떤 상품을 취급하고 있는 상점의 이웃에 똑같은 상품을 파는 가게를 차려서는 안 된다. 그러나 기왕 두 가게가 있는데 한 가게에서 튀긴 옥수수, 즉 팝콘 같은 것을 끼워 경품으로 준다면 어떻게 될까? 비록 하잘것없는 경품이지만 아이들이 이것을 좋아하여 그 가게로만 몰린다면 그에 대한 여러 가지 논의가 있을 수 있다.

어떤 랍비는 값을 내려서 경쟁하는 것은 물건을 사는 고객에게 이익이 되므로 좋지 않느냐고 한다. 또 다른 랍비는 손님을 끌기 위하여 값을 내려 팔거나 경품을 붙여 팔거나 하는 것은 정당치 못한 행위라고 말한다.

대다수 랍비들은 값을 내려 싸게 파는 것은 불공정한 거래가 될 수 없다는 데에 의견이 일치했다. 물건을 사는 고객에게 이익이 된다면 그것은 좋지 않느냐는 결론을 내린 것이다.

일주일 후, 다시 찾아온 상인에게 랍비는 납득이 가도록 설명해 주었다.

"물건을 훔치는 행위는 분명히 금지되어 있지만, 물건의 값은 얼마를 싸게 팔든 정당한 행위입니다."

소비자가 이득 본다면 바람직한 일인 것이다.

형제애

어떤 형제가 어머니의 유언을 놓고 재산 싸움을 하고 있었다. 그들이 주장하는 유언 해석에는 각기 일리가 있었다.

형제는 어렸을 때부터 전쟁을 피해 독일, 러시아, 만주 등지로 피신해 다니며 자랐기 때문에 우애가 두터웠다. 그런데 어머니의 유언을 둘러싸고 서로 헐뜯고 반목하여 형제의 정을 저버릴 지경에 이르고 말았다. 그들 형제는 서로 말도 않고, 같이 앉아 있으려고도 하지 않았다.

그러던 어느 날, 그들은 따로 랍비에게 와서 형은 동생을 잃었다고 한탄하고, 동생은 형을 잃었다고 탄식했다. 그들은 서로 싸울 생각은 조금도 없다고 말했다.

그로부터 얼마 후, 미국의 한 클럽에서 회합이 있었는데 형제를 만난 랍비가 회합의 강연을 맡게 되었다. 그래서 랍비는 주최자에게 두 형제가 서로 모르게 각각 초대해 달라고 부탁했다.

평소 같았으면 두 사람은 얼굴을 마주치자마자 등을 돌리고 돌아섰겠지만, 그때만은 초대자의 체면 때문에 자리에 함께 앉아 있었다.

랍비는 인사를 끝내고 다음과 같은 《탈무드》의 이야기를 시작했다.

이스라엘에 두 형제가 살고 있었다. 형은 결혼하여 아이까지 낳았고, 동생은 아직 미혼이었다. 두 사람 다 부지런한 농부였다. 아버지가 돌아가시자 그 재산을 둘이 나누었다.

형제는 사과와 옥수수를 수확하자 그것을 공평하게 반으로 나누어 각자 자기의 창고에 넣었다. 그런데 동생에게 이런 생각이 들었다.

'형에게는 형수와 조카가 있어서 생활이 어려울 거야. 내 몫을 좀 갖다 드리는 게 좋겠어.'

동생은 남들의 눈에 띄지 않게 밤에 자기의 옥수수 중에서 상당한 양을 형의 창고에 갖다 놓았다.

또 한편, 형도 이런 생각을 했다.

'나는 아내와 아이가 있으니까 걱정 없지만 동생은 독신이니까

노후를 위하여 비축을 해 두어야 할 거야.'

그래서 형도 자기 창고의 곡물을 동생의 창고에 옮겨다 놓았다.

아침이 되어 형과 동생은 각각 자신의 창고에 가 보았다. 그런데 수확물이 어제와 똑같이 조금도 줄지 않고 그대로 있었다.

그다음 날, 형과 동생은 또다시 곡물을 상대방의 창고로 나르다가 도중에 마주치고 말았다. 두 형제는 서로 얼마나 깊이 염려하고 소중히 생각하는지 알게 되었다. 형제는 서로 부둥켜안고 감격의 눈물을 흘렸다.

그 장소는 지금도 예루살렘에서 가장 고귀한 곳이라고 전해지고 있다.

랍비는 강연에서 형제의 사랑이 얼마나 소중한 것인가를 강조했다. 그 결과 두 형제의 오랜 동안의 불화는 서로 화해함으로써 풀렸다.

증오

유대인들은 오랜 세월에 걸쳐서 박해와 죽임을 당해온 민족이지만 그들의 책에는 어디에도 증오를 말한 흔적이 없다. 이것은 유대인들이 과격한 증오를 품지 못하는 뿌리를 가지고 있다는 증거라 하겠다.

나치 독일에 의하여 6백만 명이라는 엄청난 숫자의 유대인이 학살된 바 있으나 독일인을 저주하는 책은 단 한 권도 없다. 또한 아랍인들과 전쟁하고 있으나 그들을 미워하지도 않는다. 그리고 기독교도로부터의 박해도 적지 않았지만 그들을 미워하지 않는다.

따라서 셰익스피어의《베니스의 상인》에서 증오심에 가득 찬 유대인 샤일록이 '만일 돈을 갚지 않는다면 당신으로부터 1파운드의 살을 떼어 내겠다.'고 말하는 장면은 셰익스피어에 의하여 가공된 것이며, 실제의 유대인에게는 있을 수 없는 이야기다.

베드로가 바울에 대해서 한 이야기는 바울이 어떤 인물인가를 보여주는 것이 아니라, 베드로 자신이 어떤 인물인가를 말한 것이다. 마찬가지로《베니스의 상인》은 기독교 신자인 셰익스피어의 기독교적 사고방식이 소설에 그대로 투영된 것에 불과하다.

만일 유대 민족이 실제로 교활하고 잔인하며, 욕심 많고 정직하지 않으며, 증오심에 가득 차 있는 사람들이라면 왜 가톨릭협회에서 자금난이 생겼을 때 기독교도들을 제쳐두고 유대인들에게 협조를 구하였겠는가? 그것은 곧 유대인들이 가장 동정심이 많고 정직하며, 가장 믿을 수 있는 사람들이기 때문인 것이다.

유대인들은 따뜻한 마음을 소유한 사람들이다. 누구든 유대인을 찾아가 딱한 사정을 이야기하면 결코 그냥 거절하지 않을 것이다.

유대인들은 자신의 돈을 떼어먹는 사람이 있더라도 결코 그를 벌하는 것을 원치 않는다. 다만 돈을 돌려받는 데만 관심을 가질 뿐이다. 그러므로 그들은 돈 대신 시계나 자동차 따위를 담보 잡는 일은 있으나, 인간의 목숨을 위태롭게 하는 일은 요구하지 않는다.

《탈무드》에서 인간은 누구나 한 가족, 하나의 인체에 비교하기 때문에 '오른손이 무엇을 하다가 실수로 왼손을 다치게 하는 일이 있을지라도 왼손이 오른손에 그 앙갚음을 하여서는 안 된다.'고 쓰여 있는 것만 보아도 알 수 있는 일이다.

또한 《탈무드》에는 '담보를 잡고 돈을 꾸어 주었는데, 그 사람에게 그 담보물이 단 하나밖에 없는 유일한 물건이라면 돈을 꾸어 준 사람은 절대로 그 물건을 자기 것으로 만들면 안 된다.'고 쓰여 있다.

예를 들면, 집을 담보로 맡겼다 해도 그 돈을 꾼 사람이 길거리에 나앉게 될 사정이라면 절대로 강제 집행은 안 된다는 것이다. 또 상대방이 생계 유지를 위해 당나귀를 소유하고 있다면, 그 당나귀를 빚 대신 받을 수 없지만 사용하지 않는 밤에는 가져다가 부릴 수가 있다. 옷을 담보로 했을 경우 이스라엘의 밤은 추우므로 밤이 되면 그 옷을 되돌려 주어야 한다. 그러나 채무자가 한번 준 옷을 찾으러 가면 안 되고, 반드시 채권자가 되돌려 주기 위해 가야 한다. 자존심을 상하게 하지 않기 위해서다. 하지만 단 하나뿐인 물건이라 할지라도 사치성 물품에 한해서는 예외가 인정된다.

맹세의 편지

건강한 젊은이와 아름다운 아가씨가 살고 있었다. 두 사람은 사랑하게 되었고, 남자는 일생 동안 여자에게 성실할 것을 편지로 맹세했다. 두 사람은 행복한 나날을 보냈다.

그러던 어느 날, 남자는 여자를 남겨둔 채 여행을 떠나게 되었다. 여자는 이튿날부터 그가 돌아오기를 손꼽아 기다렸으나 웬일인지 오랫동안 기다려도 돌아오지 않았다.

그녀의 가까운 친구들은 그녀를 불쌍히 여겼고, 그녀를 시기하는 사람들은 남자가 영원히 돌아오지 않을 것이라며 비웃었다.

그녀는 남자가 일생 동안 자기에게 성실할 것을 맹세한 편지를 꺼내 읽으며 울었다. 그 편지는 실의에 빠진 그녀를 위로해 주었고, 힘이 되어 주었다.

그러던 어느 날, 그토록 그리던 남자가 돌아왔다. 여자는 자신이 겪었던 그동안의 슬픔을 이야기했다.

이야기를 다 들은 남자가 물었다.

"어떻게 그 세월을 나만을 기다리고 있었단 말이오?"

그녀는 웃으면서 대답했다.

"저는 이스라엘과 같기 때문이에요."

이스라엘 민족이 나라를 빼앗기고 떠돌던 시절 다른 나라 사람들은 유대인들을 비웃었다. 이스라엘이 독립할 날을 기다린다는 말을 듣자 사람들은 그들을 바보 취급하며 아무도 믿지 않았다. 그러나 이스라엘 민족은 교회나 학교에서 쉬임 없이 그들의 전통을 지켜 갔다. 하나님께서 그들에게 주신 거룩한 약속을 굳게 믿고 살았다. 그 결과 하나님께서는 약속을 지키셨다.

이 이야기 속의 아가씨도 남들이 비웃든 말든 남자가 편지로 맹세한 것을 굳게 믿으며 기다린 결과 그가 돌아왔으므로 '이스라엘과 같다.'는 말을 한 것이다.

버릇 고치기

아름다운 세 딸을 둔 아버지가 있었다. 그런데 그 딸들에게는 한 가지씩 결점이 있었다. 큰딸은 게으름뱅이였고, 둘째 딸은 물건을 훔치는 도벽이 있었으며, 막내딸은 남의 험담을 함부로 했다.

어느 날, 세 아들을 둔 사람이 그를 찾아와 세 딸을 자기의 며느리로 줄 수 없겠느냐고 했다. 세 딸의 아버지가 딸들에게 이런저런 결점이 있노라고 고백하자, 그 사람은 그런 정도의 흠은 자기가 책임을 지고 고칠 수 있으니 염려 말라고 했다.

그리하여 세 자매는 세 아들에게 각각 시집을 갔다.

세 며느리를 맞이한 시아버지는 먼저 게으름뱅이 며느리에게 많은 몸종을 딸려 주었다. 그리고 도벽이 있는 며느리에게는 창고의 열쇠를 내주면서 '가지고 싶은 것이 있으면 무엇이든지 마음대로 가져도 좋다.'고 했다. 또 남의 험담하기를 좋아하는 셋째 며느리에게는 매일 아침마다 일찍 일어나게 한 다음 '오늘은 누구를 헐뜯고자 하느냐?'고 물었다.

얼마 후 친정아버지가 시집간 딸들이 궁금하여 사돈네 집을 찾아왔다. 큰딸은 마음대로 게으름을 피울 수가 있어 행복하다고 했다. 둘째 딸은 갖고 싶은 것은 언제라도 마음껏 가질 수 있으므로 행복하다고 했다.

그러나 막내딸은 시아버지가 자신에게 매사를 꼬치꼬치 따지곤 하는 일이 괴롭다고 했다. 친정아버지는 두 딸의 말은 사실로 여겼으나 막내딸의 말만은 곧이듣지 않았다.

왜냐하면 막내딸은 자기 시아버지도 헐뜯고 있었기 때문이다.

말의 상처

세상의 모든 동물이 모여 뱀에게 물었다.

"사자는 사냥감을 쓰러뜨린 다음에 먹고, 늑대는 사냥감을 찢어서 나누어 먹는다. 그런데 뱀, 너는 사냥감을 통째로 꿀꺽 삼키니 이게 도대체 무슨 경우냐?"

그러자 뱀이 대답했다.

"나는 그것이 남을 헐뜯는 인간보다는 낫다고 생각해. 적어도 말로 남의 마음에 상처를 입히는 일은 하지 않으니까."

가축은 낙인을 찍어서, 시계 따위는 이름을 새겨넣어 소유권을 표시할 수 있다. 양복에는 수를 놓아 표시할 수 있고, 자동차나 집처럼 커다란 물건은 관청에 등기를 해두면 된다.

그렇지만 물건에 따라서는 소유권을 표시하는 방법도 애매하고, 그것을 증명하기도 어려운 경우가 있다. 그럴 경우 《탈무드》에서는 어떻게 소유권을 판단할까?

두 사람이 극장에 갔는데 각각 다른 문으로 들어갔다. 그런데 가운데쯤에 빈자리가 하나 있어서 두 사람은 동시에 그곳으로 가 앉으려 하니 거기에 주인을 알 수 없는 지폐가 한 장 떨어져 있었다. 동시에 지폐를 본 그들은 서로 그 돈을 자기가 가져야 한다고 주장했다.

이 경우 어떻게 할 것인가?

이 문제에 대해 《탈무드》는 똑같이 반씩 나누어 가져야 한다고 말하고 있지만, 그렇게 되면 그 자리는 누구도 사용할 수가 없게 된다.

그렇다고 재판을 하여 나누게 된다면 뒤에 혹은 옆에 앉아 있던 사람들도 끼어들 수 있다. 실제는 그 돈을 보지 못했던 사람들도 보았노라고 우기면 권리가 생기게 되므로 곤란하게 된다.

또 주운 물건이 돈이 아니고 가축일 경우에는 어떻게 나누어 가질 것인가? 살아 있는 동물을 반으로 나눌 수가 없으므로 둘이서 함께 그 동물을 팔러 가거나, 그렇지 않으면 한쪽이 다른 쪽에게 그 값의 절반을 지불하고 가져가면 된다. 단, 이와 같이 습득한 물건이 가축인 경우에는 진짜 주인이 나타날 수 있으므로 일정한 기간 동안 기다렸다가 그렇게 해야 한다.

돈을 길거리에서 잃어버린 뒤 누군가가 이미 주운 다음에 찾아가서 '내가 방금 전에 돈을 잃어버려 찾으러 왔다.'고 말해봤자 그 사람이 진짜 돈을 잃어버렸는지 아닌지 증명할 수가 없다. 자기를 거쳐 가는 돈마다 표시를 해 놓을 수도 없는 일이다. 하지만 특별한 편지처럼 그 돈이 자기 것임을 증명할 수 있다면 사정은 달라진다.

앞의 극장 일에 대한 결론은 예의 물건을 먼저 주운 사람이 소유할 수 있다. 물건을 먼저 봤다는 사실은 누구도 증명할 수 없지만 먼저 주웠다는 것은 증명하기 쉽기 때문에 그것을 판단의 기준으로 삼는 것이다.

평등

《탈무드》에서는 하인이나 노예라 할지라도 주인과 똑같은 음식을 먹도록 해야 한다고 가르치고 있다. 만일 주인이 방석에 앉고자 한다면 하인들이나 노예들에게도 똑같은 방석을 내주어야 한다. 높은 사람이라 해서 혼자만 좋은 자리에 앉으면 안 된다.

언젠가 한 랍비가 이스라엘의 전선에 가서 군대 부대장의 초청으로 함께 식사를 하였다. 그때 당번인 병사가 맥주를 가지고 들어오자 그 부대장이 물었다.

"병사들도 지금 맥주를 마시고 있는가?"

병사는 맥주의 수량이 적어서 그날은 지급되지 않았다고 대답했다.

그러자 부대장은 맥주를 돌려 보내면서 말했다.

"병사들이 맥주를 마시지 못한다면 나도 맥주를 마시지 않겠다."

이것이 바로 유대인들의 전통적 사고방식이다.

아버지와 스승

유대인의 가정에서는 누구나 어렸을 때 아버지로부터 《탈무드》를 배운다. 그렇지만 아버지가 너무 성격이 급하거나 엄격한 사람일 경우에는 아이들이 아버지를 두려워하여 《탈무드》를 배울 마음의 여유를 갖지 못하는 경우도 있었다.

히브리어의 '아버지'라는 단어에는 '스승'이라는 뜻이 포함되어 있다. 천주교의 신부가 영어로는 '파더father'인 것도 히브리어적인 개념 때문이다.

유대인들은 자신의 아버지보다 교사를 더 소중하게 생각한다. 그래서 자신의 아버지와 스승이 함께 감옥에 갇혀 있을 경우, 단 한 명만 구출해야 한다면 말할 것도 없이 스승을 구출할 것이다.

유대인들은 스승을 그만큼 소중한 존재로 인식하기 때문이다.

책임의 한계

고용주와 종업원이 있었다. 종업원은 일을 해준 대가를 일주일마다 주급으로 받기로 했다. 단, 주급은 현금이 아니라 종업원이 가까운 상점에서 필요한 물건을 사가면 고용주가 그 값을 대신 지불해 주기로 했다.

일주일이 지났다.

종업원은 매우 불만스러운 표정으로 고용주에게 말했다.

"상점에서 물건을 주지 않습니다. 현금을 가져오라는 거예요. 그러니 제 주급을 현금으로 주셔야 하겠습니다."

그런데 얼마 후 상점 주인이 찾아와 청구서를 내밀었다.

"댁의 종업원이 지난 일주일 동안 이만큼 물건을 가져갔습니다. 약속대로 대금을 지불해 주십시오."

이런 경우 과연 고용주는 어떻게 해야 할까?

우선 누구의 말이 사실인지 알아봐야 한다. 그렇지만 아무리 알아보아도 증거가 없을 때가 문제다.

이런 경우 《탈무드》는 종업원과

상점 주인이 모두 끝까지 자기주장을 굽히지 않는다면 양쪽 다 지불해 주어야 한다고 말한다. 왜냐하면 종업원과 상점 주인은 돈의 거래에 관한 한 직접적인 관계에 있지 않기 때문이다. 그렇지만 고용주는 양쪽 모두와 직접적인 관계를 맺고 있다. 말하자면 고용주는 양쪽 모두에게 채무자인 셈이다.

이 이야기는 어떤 의미에서 약간 납득되지 않는 측면도 있지만, 《탈무드》에서는 이러한 항목에 대해 오랫동안 논의를 거듭해 왔다. 결론은 고용주는 양쪽과 다 약정을 했기 때문에 책임을 지지 않으면 안 되는 것이다.

그래서 《탈무드》는 함부로 관여하지 말라고 당부하였다.

탈무드의 상도덕

랍비 두 명이 같은 땅을 서로 사려고 했다. 처음의 랍비가 먼저 그 땅의 값을 흥정했는데 다른 랍비가 와서 그 땅을 사버렸다.

옆에서 그를 지켜본 사람이 두 번째 랍비에게 물었다.

"어느 사람이 과자를 사려고 제과점에 갔더니 이미 다른 사람이 먼저 와서 과자의 품질을 알아보고 있었습니다. 그런데 뒤에 온 사람이 그 과자를 사버렸다면 그 사람에 대하여 어떻게 생각하십니까?"

두 번째 랍비는 주저없이 대답했다.

"나중 사람이 잘못한 거지요."

그 사람이 다시 말했다.

"이번에 산 땅에 대해서는 당신이 두 번째 사람에 해당되오. 다른 사람이 이미 그 땅의 값을 흥정하고 있는데 그것을 당신이 산 거요. 이는 방금 이야기했던 나중에 와서 과자를 사버린 두 번째 남자와 똑같은 것입니다. 그래도 괜찮은가요?"

그래서 그 땅을 어떻게 하는 것이 좋으냐 하는 문제가 대두되었고, 그 해결 방법으로 두 번째 랍비가 첫 번째 랍비에게 그 땅을 다시 팔게 하자는 의견이 나왔다.

그러나 두 번째 랍비는 땅을 사자마자 바로 판다는 것은 상식적으로 이해가 되지 않기 때문에 팔 수 없다고 말했다.

두 번째 해결 방법은 그 땅을 첫 번째 랍비에게 선물로 주자는 것이었다. 그러자 첫 번째 랍비가 땅값을 지불하지 않고 그냥 공짜로 받는 건 싫다고 말했다.

문제가 계속 해결되지 않자 두 번째 랍비는 그 땅을 학교에 기부하고 말았다.

다시 찾은 지갑

한 장사꾼이 필요한 물건이 있었으나 며칠 뒤 할인 판매를 할 것이라는 말을 듣고 기다렸다가 그때 사기로 했다.

그런데 많은 돈을 그때까지 몸에 지니고 있는 것이 염려스러웠다. 그래서 아무도 없는 곳으로 가서 가진 돈을 모두 땅속에 묻어 두었다.

다음 날 그곳에 가보니 돈이 없어졌다. 자기가 돈을 묻는 것을 본 사람은 아무도 없었으므로 어떻게 해서 없어졌는지 알 수가 없었다.

두리번거리던 그는 거기서 얼마 멀지 않은 곳에 집 하나가 있고, 그 집의 벽에 구멍이 뚫려 있는 것을 발견했다. 그는 그 집에 살고 있는 사람이 자기가 돈을 묻는 것을 그 구멍으로 보고 훔쳐간 것이라고 단정했다. 그래서 그 집주인을 찾아가 말했다.

"노인께서는 도시에 살고 계시니까 머리가 영리하시겠습니다. 그러니 저에게 지혜를 좀 빌려주십시오. 사실은 제가 이 도시에서 물건을 사려고 지갑 두 개를 가지고 왔습니다. 하나는 은화 5백 개가 들어 있고 또 하나는 은화 8백 개가 들어 있습니다. 한데 작은 지갑을 아무도 몰래 어느 곳에 묻어 두었습니다. 나머

지 큰 지갑도 함께 묻어 두는 것이 좋을까요, 아니면 믿을 만한 사람에게 맡겨 두는 것이 좋을까요?"

노인이 대답했다.

"만일 내가 당신이라면 다른 사람은 아무도 믿지 않겠소. 전에 작은 지갑을 묻어 둔 곳에 함께 묻어 두면 좋을 거라고 생각하오."

노인은 상인이 돌아간 뒤 더 많은 돈이 들어 있는 지갑을 얻기 위하여 자기가 파 간 지갑을 그곳에 도로 갖다가 묻어 놓았다. 지켜보고 있던 장사꾼은 자기의 지갑을 무사히 되찾았다.

유대인들과 살 때 지켜야 할 계명

탈무드 시대의 유대인들은 다른 민족들과 함께 일하기도 하고 생활 속에서도 잘 어울렸다.

유대인들에게는 613가지 계율이 있다. 하지만 유대교에서는 애써 다른 민족들을 유대화하려고 하지 않았기 때문에 선교사를 보내거나 특별한 노력을 기울이지 않았다. 그렇지만 상호 간의 평화적인 유대 관계를 지속하기 위하여 반드시 지켜야 할 일곱 가지 계율을 부탁하고 있다.

첫째, 동물을 죽여 그 날고기를 먹지 말라.

둘째, 남을 험담하거나 욕하지 말라.

셋째, 도둑질을 하지 말라.

넷째, 법을 어기지 말라.

다섯째, 살인하지 말라.

여섯째, 근친상간을 말라.

일곱째, 불륜 관계를 맺지 말라.

인생의 세 친구

왕으로부터 소환장을 받은 사람이 소집에 응하기 전에 세 명의 친구를 만나기로 했다.

첫 번째 친구는 마음속 깊이 사귀는 사이였으며, 세상에 둘도 없는 특별한 친구로 소중하게 생각하고 있었다.

두 번째 친구는 그가 마음속으로는 사랑하고 있었으나 첫 번째 친구만큼 소중하게 여기지는 않았다.

세 번째 친구는 친구로는 생각하고 있었으나 별로 관심을 가지고 있지는 않았다.

왕의 소환장을 받은 그는 자기가 나쁜 짓을 저질러 벌을 받게 되는 것이 아닐까 두려웠다. 그래서 혼자 갈 용기가 나지 않자 세 친구에게 함께 가자고 차례로 부탁을 했다.

그가 늘 소중하게 생각하는 첫 번째 친구에게 부탁하자, 그는 아무 이유도 말하지 않은 채 그냥 거절했다.

두 번째로 귀중하게 여기는 친구는 애매하게 거절했다.

"대궐 문앞까지는 함께 가줄 수가 있다. 그렇지만 그 이상은 곤란하다."

실망한 그는 다시 세 번째 친구에게 함께 가달라고 부탁했더니 그 친구는 흔쾌히 응해 주었다.

"물론 함께 가주고말고. 너는 내가 알기에 아무런 나쁜 짓도 저지르지 않았으니 전혀 무서워할 필요가 없어. 내가 왕에게 가서 그런 사실을 잘 말씀드릴게."

이렇게 격려까지 해 주었다. 세 친구는 각각 어떤 친구이며, 왜 그렇게 대답을 했을까?

첫 번째 친구는 재산을 상징한다. 제아무리 재산을 소중히 여기고 사랑한다 할지라도 죽을 때는 고스란히 남겨 둔 채 혼자 떠나지 않으면 안 된다. 두 번째 친구는 혈육·친척의 상징이다. 화장터나 무덤까지는 함께 따라가 주지만 그를 무덤 속에 남겨 둔 채 그냥 돌아가 버리는 것이다. 세 번째 친구는 선행을 상징한다.

선행이란 평소에는 별로 남의 눈길을 끌지 못하지만, 죽은 뒤에도 영원히 함께 있는 것이다.

노력의 척도

왕의 포도밭에서 많은 일꾼이 일을 하고 있었다. 그중에 탁월한 능력을 가진 사람이 있었는데, 왕이 그 뛰어난 일꾼과 함께 포도밭을 산책하였다.

유대인의 전통은 일한 품삯을 그날그날 받게 되어 있었다.

하루의 일과가 끝나자 일꾼들은 줄을 서서 그날의 품삯을 받았다. 그 뛰어난 일꾼도 똑같이 품삯을 받자 다른 일꾼들이 화가 나서 항의하였다.

"저 친구는 왕과 함께 산책을 하느라 두 시간밖에 일하지 않았습니다. 그럼에도 불구하고 우리와 똑같은 품삯을 받는 것은 공평치 못한 처사입니다."

듣고 있던 왕이 말하였다.

"이 사람은 오늘 너희가 하루 종일 한 일보다 더 많은 양의 일을 단 두 시간 동안에 해치웠다."

오늘 죽은 젊은 랍비가 있다고 하자. 요절했다 하더라도 다른 사람이 100년 동안 한 것보다 더 많은 일을 해 놓았다면 그가 더 훌륭한 사람이다. 얼마나 훌륭한가의 문제는 몇 년 살았느냐가 아니라 얼마나 큰 업적을 남겼느냐가 척도가 되는 것이다.

Chapter 4

탈무드의 오감·손

물건을 사고파는 상업 행위

성서 시대의 유대인 사회는 농업을 주로 했다. 따라서 교역은 그다지 성행하지 않았다.

상인商人이라는 말은 중국 주周시대에 상商나라 사람들이 나라가 망하자 사방으로 흩어져 장사를 하며 살았던 바, 그 사람들을 일컫는 말에서 유래했다. 그런데 이 말은 유대 지역에서는 비유대인이라는 뜻으로 사용되었다. 유대인들은 물건을 팔고 사는 매매 행위를 하지 않았던 것이다. 그래서 유대인들에게는 '상업에 종사할 때는 계량을 정확하게 하고, 물건을 속이지 말라.'는 정도의 상도덕이 요구되었을 뿐이었다.

그런데 탈무드 시대로 접어들면서 교역이나 상업이 발달하게 되어 상업에 대하여 깊은 관심을 기울이게 되었다.

《탈무드》를 쓴 사람들은 세상이 점점 발달해 나간다는 인식을 갖게 되어 상업 또한 발달한 세계로 그리고 있다. 그래서 상업에서는 어떤 도덕을 지켜야 하는가에 대한 이야기가 많은 분량을 차지하게 되었다.

또 앞으로 다가올 세계에서는 상업이 중요한 역할을 하게 될 것이라는 선견지명이 있어 천년 후의 세계에 대비해서 미리 준비 작업을 서둘렀다.

그래서 《탈무드》에 교역을 할 때 지켜야 할 도덕에 대해서 많은 지면을 할애했다. 상업이라는 생각 자체가 원칙이 되었고, 그 규칙은 일반 생활의 테두리 밖에 있는 어떤 특별한 규칙이어야 한다고 생각했던 것이다. 때문에 상업적인 세계는 결코 탈무드적인 세계가 아니다. 아무리 경건한 사람이라도 상업은 역시 상업이기 때문이다.

《탈무드》는 어떻게 하면 유능한 사업가가 될 수 있는가보다는 어떻게 하면 도덕적인 사업가가 될 수 있을까에 중점을 두었다. 그것은《탈무드》가 자유방임주의적인 상업에 반대하고 있다는 사실만 보더라도 충분히 알 수 있다.

한 예를 든다면, 구매자는 별도의 규정이 없어도 구매한 물건의 품질 보장을 요구할 권리가 있다. 물건을 산다는 것은 곧 결함이 없는 물건을 산다는 것을 전제로 한다. 그러므로 파는 사람이 그 물건에 결함이 있어도 무를 수 없다는 조건을 붙여 팔았더라도 그 물건에 결함이 있으면 구매자는 그 물건을 되물릴 권리가 있다.

예외가 있다면, 구매자가 그 물건에 결함이 있다는 사실을 인정하고 샀을 경우다. 예를 들면 자동차를 팔 때, 그 자동차에는 엔진이 없으니 그리 알라고 일러주고서 팔았으면, 구입한 사람은 그 자동차를 되물리지 못한다.

《탈무드》에는 결함이 있는 물건을 팔 때는 반드시 사는 사람에게 그 물건의 결함을 구체적으로 설명해 주어야 한다고 적혀 있다. 따라서 물건을 사는 사람은 물건의 결함이나 사기성, 그리고 파는 사람이 미처 깨닫지 못한 과오에 대해서 보호를 받는 것이다.

물건을 사고파는 것은 두 가지 요소에 의해 성립된다. 즉, 그 물건 값의 지불과 물건의 양도이다. 물건을 판 사람은 그 물건을 산 사람에게 이상 없이 인계해야 할 의무가 있다는 말이다.

《탈무드》에서는 물건을 판 사람보다 산 사람의 권리를 더 중요하게 보호한다. 또 물건을 파는 사람은 그 물건에 대하여 정확히 알고 있지 않으면 안 된다. 남의 물건을 허위로 팔거나 있지도 않은 물건을 팔아서는 안 된다는 말이다.

돈의 효용 가치

사람들은 자기가 숭배하는 것에 되도록 가까이 가려 하고, 동시에 너무나 빠르게 동화되어 버린다. 돈을 숭배하는 자가 어리석어 보이는 것은 바로 그 때문이다.

똑똑한 체하지만 천하에 둘도 없는 어리석은 모제스가 안식일이 다가오는데도 빵과 물고기와 닭을 살 돈이 없어 의기소침해졌다. 그는 한참 동안 생각에 잠겨 있다가 유대인들의 공동 재정 담당관에게 가서 큰소리로 말했다.

"저에게 끔찍한 불행이 닥쳤습니다. 제 아내가 방금 죽었는데, 그녀를 위해 수의와 관을 살 돈이 없습니다."

딱한 사정을 들은 원로들은 그를 가엾게 여겨 10루블(화폐 단위)을 내주었다.

이튿날, 여인의 명복을 빌어 주기 위해 재정 담당관과 원로들이 모제스의 집을 찾아왔는데 이게 웬일인가? 죽었다던 그의 아내가 멀쩡하게 살아서 닭고기 요리를 맛있게 먹고 있는 것이 아닌가? 놀란 원로들이 소리쳤다.

"이 거짓말쟁이! 형편없는 사기꾼! 그렇게 할 일이 없어 10루블을 사기 쳐? 그게 할 일인가?"

모제스는 원로들을 진정시키며 말했다.

"원로원들, 제가 잘못했습니다. 흥분을 가라앉히시고 제 말씀을 들어주세요. 이다음에 제 아내가 죽거든 그때는 위로금을 내지 않아도 됩니다. 돈을 이렇게 쓰게 되어서 죄송합니다."

원로들은 모제스의 말에 할 말을 잃고 말았다.

물질을 숭배하는 자는 그 자신도 물질이 되고 만다는 말이 있다. 또한《탈무드》에는 '빚을 얻어 쓰는 것은 가려운 데를 긁는 것과 같다.'고 적고 있다.

피부병에 걸리거나 종기가 나면 몸이 가렵다. 가렵다고 긁어대면 오히려 질환을 더 악화시킨다. 긁는 당시에는 쾌감을 느끼지만 손을 떼자마자 후끈후끈 달아오른다.

빚도 얻어 쓸 때는 달콤하기까지 하지만 돌아서면 갚을 생각에 오금이 저려 온다. '가난한 사람에게 돈을 빌리는 것은 못생긴 여인에게 키스하는 것과 같다.'는《탈무드》의 말처럼 게토 지역에서 오불조불 살다 보니 돈을 서로 융통해 썼다. 위의 이야기는 바로 그런 데서 파생된 것이다.

유대인들은 돈을 꿔 주고 이자를 받는 것을 부끄럽게 생각지 않는다. 인간 생활에 절대 필요한 것이 화장실이듯 돈도 마찬가지다. 더럽다고 생각하면서도 수시로 드나들면서 쏟아내 버리지 않으면 건강을 유지할 수 없듯이, 돈도 소용대로 쓰지 않으면 살아갈 수 없다. 유대인들은 돈이 인간에게 소용되는 것이라면 나쁜 것일 까닭이 없다는 생각을 가지고 있다.

돈을 꿔 주고 이자를 받는 일이 서로 주고받는 일인 만큼 도덕적으로 위배되지는 않는다. 그러나 그런 행위가 몸에 배면 돈이 도구가 아니라, 돈을 숭배하는 무지렁이가 될 수 있다. 사람 위에 사람 없다는 말처럼 돈 아래 사람이 있을 수 없다. 돈으로 사람을 부릴 수는 있지만 돈만으로 사람을 부리지 말라는 말이다.

'친구를 적으로 돌리는 가장 좋은 방법은 돈을 꿔 주는 일이다.' 라는 유대인의 격언을 명심할 필요가 있다.

하나님까지 세 명의 경영자

동업자 두 사람이 있었다. 그들은 모두 사업에 경험은 없었으나 성실하고 부지런했기 때문에 맨손으로 시작하여 작은 빌딩을 소유할 만큼 성공했다.

그들은 자기들이 굉장히 성공했다는 사실을 뒤늦게야 깨달았다. 그런데 두 사람 사이에는 동업을 하는 것에 대한 아무런 증서도 없었다. 때문에 그들의 관계가 원만할 때는 탈이 없겠지만, 자식들 대에 가서 문제가 생길 것을 염려하여 계약서를 작성해 놓기로 했다.

그런데 그들이 계약서를 작성한 후부터는 이상하게도 두 사람 사이에 사사건건 충돌이 일어났다. 사실은 계약서를 작성할 때부터 의견이 맞지 않아 충돌했던 것이다. 즉, '너는 공장의 책임자이고, 나는 본사의 책임자이다.'와 같이 업무의 한계를 규정하는 과정에서 서로 유리한 조건을 차지하려고 보이지 않는 줄다리기를 했던 것이다.

그동안 사업이 성공하기까지 두 사람 사이에는 전혀 아무런 의견 충돌이 없다가 이런 일이 발생하자 랍비를 찾아가 상의했다.

이와 같은 경우 어느 쪽이 옳고 어느 쪽이 그르다고 판정할 성질의 문제가 아니었기 때문에 랍비는 쉽게 결론을 내릴 수가 없었다. 한 사람은 생산을 맡고, 또 한 사람은 영업을 맡고 있었기 때문에 그들은, "내가 상품을 잘 만들어 냈기 때문에 회사가 발전했다." "아니다. 내가 잘 팔았기 때문에 사업이 성공했다." 하고 각자 자기의 공을 내세우며 다투었다.

그들의 이야기를 다 듣고 나서 랍비는 다음과 같이 말했다.

"당신들이 싸움을 시작하기 전까지 사업은 아주 잘 되어 갔소. 그런데 이제 두 사람의 의견 충돌이 잦으니 회사가 망할지도 모릅니다. 이것은 정말 어리석은 짓입니다. 그 상태로는 아무래도 사업이 원만하게 운영되지 못할 것 같으니 어떤 해결책을 강구해야만 할 것입니다."

랍비는《탈무드》에서 적절한 예를 찾아내었다.

어린아이가 태어나는 것은 아버지와 어머니, 그리고 하나님으로부터 생명을 받은 것이다. 그런데 성장해 가는 동안 그에게 바르게 살도록 이끌어 주는 사람이 하나 더 늘어난다. 바로 그를 가르치는 선생이다.

랍비는 두 동업자에게 물었다.

"당신네 회사의 경영자는 누구입니까?"

그들은 이구동성으로 자기들 두 사람이라고 대답했다. 랍비는 다음과 같이 제안했다.

"그렇다면 하나님도 그 회사의 경영진에 참여시키면 어떻겠소? 하나님은 전 우주의 모든 일에 참여하고 계십니다. 서로 자기 주장만 내세우지 말고 우주의 모든 일을 주관하시는 하나님께 맡겨도 무방하지 않겠소?"

그 회사는 그때까지 두 사람이 공동 대표자여서 사장이 없었다. 그래서 사실은 서로 사장이 되려고 줄다리기를 하고 있었던 것이다. 랍비는 다음과 같이 충고해 주었다.

"이 회사가 당신네들의 회사인 것만은 틀림없지만 또한 하나님의 회사이기도 하오. 그리고 당신들은 유대인과 유대인의 나라를 위해서 일하고 있는 것이기도 하오. 회사가 당신네 둘만의 것이라는 이기적인 생각에 매달리지 말고 하나의 큰 의무를 수행하고 있다고 생각하시오. 그럼 두 사람 중 누가 사장을 맡느냐 하는 따위는 사소한 문제란 것을 깨닫게 될 것이오. 그렇게 되면 예전처럼 생산을 담당하는 사람은 열심히 공장을 관리하고, 영업을 담당한 사람은 상품을 파는 데 열중하게 될 것이오."

랍비의 이야기를 듣고 그들은 그제야 수긍했다.

그 뒤 두 사람 사이가 좋아진 것은 물론 회사도 아주 원만하게 잘 운영되었다.

벌금의 규칙

유대인 회사에서 유대인을 사원으로 고용하고 있었다. 한데 그 사원이 회사의 돈을 착복하고 종적을 감춰버렸다. 유대인 사장은 화가 나서 경찰에 신고하려 했다. 그러자 그 회사의 간부가 랍비를 찾아와 이 일을 어떻게 했으면 좋겠느냐고 물었다.

랍비는 그에게 말했다.

"먼저 그 사원이 정말 돈을 가지고 도망친 것인지 확인해야 할 것이오. 그가 진짜로 돈을 가지고 도망쳤다면 그는 틀림없이 감옥살이를 하게 될 것이오. 그러나 그것은 유대인의 해결 방법이 아니오. 왜냐하면 그 사원이 감옥에 들어간다면 회사는 잃어버린 돈을 되찾을 길이 없어지기 때문이오. 유대의 법률에서는 어느 사람이 돈을 훔쳤을 때에는 그 사람이 벌을 받는 대신 그 돈을 꼭 갚도록 되어 있소."

랍비는 회사의 사장에게 도망친 사원을 찾아내어 감옥으로 보내지 말고, 우선 그 돈을 찾고 난 후 벌금을 물려야 한다고 말했다.

돈을 가지고 도망친 사원을 찾아내 그런 이야기를 했더니 현재 자기에게는 돈이 하나도 없기는 하지만, 감옥에 가기보다는 열심히 일하여 조금씩 갚아나가게 해달라고 했다. 그래서 그는 경찰에 끌려가지 않고 랍비의 방에서 판결을 받았다. 랍비가 재판장이 되었다. 돈을 가지고 간 사원은 가져간 돈을 일해서 갚는 동시에 벌금도 랍비한테 내기로 했고, 그 벌금은 자선기금으로 쓰기로 했다.

유대인 사회에서 백만 원을 훔친 죄로 랍비의 재판에 회부되어 벌금을 가산해서 백십만 원을 갚으라는 판결을 받았을지라도, 돈을 다 갚은 뒤에는 그는 전과가 전혀 없는 결백한 사람과 같아진다. 만약 그런 뒤에 도난을 당했던 사람이, "저자는 돈을 훔쳤던 도둑놈이다."라고 비난한다면, 비난한 쪽이 나쁜 사람이 된다.

그런 경우 벌금은 20% 이상이지만, 거기에는 엄격한 규칙이 있다. 먼저 어떤 물건을 훔쳤느냐에 따라 그 비율이 다르고, 그 물건을 이용해서 돈벌이를 했느냐, 또 훔친 때가 밤이냐 낮이냐 아침이냐 등 여러 조건에 따라 비율이 달라진다.

《탈무드》에서는 말을 훔쳤을 때의 벌금 비율이 매우 높다. 말을 훔친 사람은 그 말을 이용하여 돈벌이를 할 수 있다. 반대로 도둑맞은 사람은 그로 인하여 많은 손해를 보기 때문이다.

말은 오늘날의 화물 자동차에 해당된다 할 수 있지만, 이 경우에는 네 배 정도의 벌금을 물린다. 당나귀의 경우는 말보다 벌금이 조금 적다. 그것은 말이 더 온순하여 훔치기가 용이하기 때문이다. 하지만 도둑질한 사람의 입장도 많이 참작된다. 훔친 사람이 굶주릴 정도로 생활고에 허덕이는 경우라면 벌금은 20% 정도로 정해진다.

옛날 이스라엘에서는 훔친 돈이나 벌금을 갚지 못하거나 이자를 물지 못한 경우 돈 대신 노동으로 갚게 했다. 그래도 갚지 못하는 경우에는 감옥에 잡아넣지만, 범인을 감옥에 구금하는 것으로 근본적인 문제가 해결되지 않는다는 것이 유대인의 사고방식이다.

유대인들의 안식일

유대인들은 안식일에 일하는 것을 금하고 있다. 매주 금요일 일몰시부터 토요일 일몰 전까지 계속되는 안식일의 계율을 지키지 않는 유대인은 곁눈질로 쳐다보는 일이 있다. 아무튼 금요일 일몰 전에 모든 것을 마련해야 하며 데워 먹는 음식도 일몰 전에 켜놓은 불에 데워야 한다. 가스레인지에 불을 점화하는 것도 금지되어 있기 때문이다. 심지어 라이터에 불을 켜는 것도, 담배를 피우는 것도 안 된다.

유대인들은 안식일에는 가족과 함께 지내며 여호와를 공경하고 아이들의 공부를 도와준다. 하지만 손으로 글씨 쓰는 일은 안 된다.

안식일에는 자동차를 타서도 안 된다.

앞에서 다룬 바와 같이 음식도 새우나 낙지, 문어, 오징어 등을 금지한다. 돼지고기도 금지되어 있다. 뱀처럼 땅을 기어 다니는 동물도 먹으면 안 된다. 새 종류도 까마귀, 솔개, 매, 타조, 갈매기, 올빼미, 황새, 해오라기 등은 먹어서는 안 된다.

육류와 유제품을 용기에 담지 않는다. 소, 양, 닭고기도 금지되어 있다. 그리고 음식이 닿은 접시에 다른 음식을 담아 먹는 것도 허용하지 않는다. 이는 위생상으로도 좋은 일이지만, 음식 맛이 섞이지 않게 하기 위함이다. 이러한 생활문화 때문에 유대인은 유대인 집 외의 곳에서 식사를 할 수가 없는 것이다.

또 계율을 따라 도살할 때 피를 뽑아내지 않은 고기는 먹지 않는다. 사용하는 접시도 랍비가 호수나 시냇가에서 물에 담가 닦은 것만 사용한다. 이런 계율을 지키다 보니 이교도가 경영하는 레스토랑에서는 식사를 할 수가 없는 것이다.

이처럼 까다로운 식사 계율은 뜨거운 사막 지역에서 식중독을 방지하기 위해 나온 지혜로 생활 속에 자리 잡고 있다.

그런가 하면 얼굴에 상처를 내면 안 된다는 가르침도 있는데, 이는 아프리카인들의 신체 변용에 대한 풍습을 보면서 내놓은 경고라고 할 수 있다.

이런 엄격한 계율은 세계에 흩어져 살았던 디아스포라 시대를 지나면서도 유대인들이 정체성을 잃지 않는 데 기여한 것이 사실이다. 한편으로는 이런 계율이 오히려 유대인으로 남아 있도록 지켜주었다고 말할 수 있다.

유대인들이 아수르Assur와 바빌론Babylon에 의해서 포로 생활을 하게 되었을 때 디아스포라를 맞게 되었다. 유대인들은 하늘나라를 고향으로 삼고 땅 위에 흩어져 있는 시나고그, 즉 뜻을 함께 하여 모이는 회당을 중심으로 유대 사회의 구심체를 유지하고 있었던 것이다.

그러다 보니 유대인들은 다른 집단과 다르다는 것을 느끼게 되고, 그래서 설령 유대인의 계율을 버리고 살더라도 오랜 세월의 습성이 지워지지 않아 금방 눈에 띄는 것이다.

안식일이라는 향료

안식일(토요일) 오후에 로마의 황제가 평소 알고 지내던 랍비의 집을 방문했다.

갑자기 찾아가긴 했지만 황제는 아주 즐거운 시간을 보냈다. 음식은 모두 맛이 있었고, 식탁에 둘러앉은 사람들은 노래를 부르면서《탈무드》에 나오는 이야기를 했다.

황제는 매우 기뻐하며 다음 수요일에 또 오겠다고 말했다.

수요일이 되어 사람들은 미리 황제를 맞을 준비를 했다.

그 집에서 가장 좋은 그릇을 꺼내 놓고, 안식일엔 쉬던 하인들까지 나와 음식을 날랐다. 요리사가 없어 식은 음식을 내놓았던 지난

번의 토요일과는 달리 제대로 된 따뜻한 음식이 나왔다.

요리를 먹다 말고 황제가 물었다.

"지난 안식일의 요리가 맛있던데 그때는 무슨 향료를 넣었소?"

랍비가 대답했다.

"황제께서는 그 향료를 구하지 못하실 것입니다."

황제가 자신있게 말했다.

"천만에! 나는 어떤 향료라도 구할 수가 있소."

랍비가 조용히 말했다.

"폐하, 폐하께서는 아무리 로마의 황제이시지만 어떤 노력으로도 그것만은 구하지 못하십니다. 왜냐하면 그것은 유대인의 안식일이라는 향료이니까요."

유대인들의 섭생

유대인들은 고기를 먹을 때 피는 전부 제거한 다음에 먹는다. 피는 곧 생명이다. 물고기나 짐승의 피를 완전히 제거한 후에 먹으므로, 그들이 먹는 고기는 매우 건조된 상태일 수밖에 없다.

동물을 잡을 때도 때려잡거나 전기를 이용하여 죽이면 피가 그대로 굳어 버리므로 결코 그런 방법을 쓰지 않는다. 유대인들은 옛날부터 고통을 주지 않고 죽이고, 또 피를 남김 없이 제거하는 방법을 연구해 왔다.

그들은 동물의 피가 굳지 않게 하면서 피를 제거하는 방법을 잘 안다. 짐승을 잡으면 30분 정도 물에 담가 두고 소금을 뿌려서 피를 빼낸다. 소금을 뿌려 놓으면 소금기가 피를 흡수해 버린다. 그렇게 한 다음 물에 깨끗이 씻는다. 특히 간장이나 심장 같은 부위는 피가 많은 곳이므로 그곳에 남아 있는 피를 증발시키기 위해서 불에 그슬린다. 유대인들이 고기의 피를 제거하는 행위는 결코 피를 더러운 것으로 생각하기 때문은 아니다.

닭이나 소 따위의 가축을 도살하는 사람들은 뛰어난 전문가로서 랍비와 마찬가지로 특별한 훈련을 받은 해부학의 권위자들이며, 신앙심도 대단히 깊어 다른 사람들로부터 존경을 받는다.

유대인들은 4천 년 전부터 이미 해부학에 조예가 깊었다. 그 증거로서 《탈무드》에도 랍비가 인체를 해부하는 장면이 나올 정도다.

그런 지식을 바탕으로 짐승을 도살할 때는 언제나 예리한 칼이 사용되며, 사용할 때마다 숫돌에 갈아 쓴다. 짐승을 도살할 때도 거꾸로 매달아 놓은 다음 목을 찌르면 피가 쏟아져 나온다. 그런 다음 세계에서 유례를 찾아 볼 수 없을 정도로 엄격한 검사를 거쳐 식품으로 인정한다.

유대인들은 피를 기피하지 않는다. 제단에 양을 바칠 때에도 피를 부정한 것으로 취급하지 않는다.

또한 유대인들은 새우를 먹지 않는데, 그렇다고 새우를 안 먹는 사람이 먹는 사람보다 건강하다고 말하면 안 된다고 가르치고 있다. 네 발 달린 동물 중에서도 위가 두 개 이상이 아니거나 발굽이 둘로 갈라진 것이 아니면 먹지 않는다.

예를 들면, 쇠고기는 먹지만 말고기는 먹지 않는다. 또한 물고기 중 지느러미와 비늘이 없는 것은 먹지 않으며, 독수리나 매처럼 날고기를 사냥해 먹는 짐승도 먹지 않는다. 돼지는 위가 하나밖에 없기 때문에, 말은 발굽이 하나로 붙어 있기 때문에 먹지 않는다. 생선도 비늘이 없는 장어는 먹지 않는다.

섹스에 대하여

- 성관계는 올바르고 깨끗하게 행하면 기쁨이다. 결코 부끄럽거나 추하거나 혐오스러운 것이 아니다.
- 《탈무드》는 '교사와 랍비는 반드시 결혼을 해서 아내가 있어야 한다.'고 말하고 있다. '아내가 없는 자는 온전한 인간이 아니다.'라는 전통적인 생각 때문이다.
- 《탈무드》는 섹스를 가리켜 '생명의 강'이라고 말한다. 강은 때에 따라 엄청난 풍랑을 일으킴으로써 주변을 파괴하기도 하지만, 평소에는 맑고 평온하게 흐름으로써 온갖 식물들을 열매 맺게 하고 세상을 풍요롭게 해준다.
- 남자의 성적 충동은 시각을 통하여 일어나고, 여자의 성적 충동은 피부 감각에 의하여 느끼게 된다. 그래서 《탈무드》는 남

자들에게 '여자의 살결이 스칠 때 조심하라.'고 경고하고 있으며, 여자들에게는 '옷매무새에 신경쓰라.'고 가르친다. 계율이 엄한 유대 사회에서는 상점에서 거스름돈을 줄 때도 여자 손님에게는 절대로 직접 주지 않고 일정한 곳에 놓은 다음 집어 가게 만든다. 또 미니스커트를 입는 일이 없으며, 언제나 긴 소매에 긴 스커트를 입고 다닌다.

• 랍비는 '야다'를 할 때에 남성의 절정과 여성의 절정 사이에 시간적 차이가 있음을 알고 있었다. 그래서 여성이 채 흥분하기도 전에 끝나지 않도록 조정을 했다. 아내의 동의 없이 아내를 품에 안는 것은 강간과도 같은 것이므로, 남편은 아내와 성관계를 가질 때마다 아내의 동의를 얻어야 한다. 또 다정하게 이야기를 나누고 부드럽게 애무해 주는 시간을 충분히 가져야 한다. 아내가 생리 중일 때에는 야다를 할 수 없고, 생리가 끝난 뒤에도 7일 동안은 금하고 있다. 때문에 부부라고 해도 십이삼 일 동안은 절대 손을 대서는 안 된다. 그동안 남편과 아내는 서로를 향한 그리움이 깊어져 그 기간이 끝났을 때에는 항상 신혼 때와 같은 관계를 유지시킬 수 있다.

• 결혼한 여자는 절대 다른 남자와 동침해서는 안 된다. 하지만

남편이 다른 여자와 동침하는 것은 허용된다. 또 탈무드 시대에는 두 사람 이상의 아내를 거느릴 수 있었지만, 일부일처제가 정착되면서부터는 여러 명의 아내를 갖지 않게 되었다. 아내 이외의 다른 여자와 동침하는 것은 불성실한 남편이라는 통념이 생겨났다. 하지만《탈무드》에는 매춘부를 사는 이야기가 몇 군데 나온다. 자위행위를 하기보다는 매춘부에게 가는 것이 나으므로, 아내가 관계를 계속 거절할 때에는 그것이 용납되었다. 유대 사회는 학문을 중하게 여기고 계율과 종교를 존중했기 때문에 매춘부가 번성하지는 못했다.

• 탈무드 시대 때부터 랍비는 피임법에 정통해 있었다. 그래서 누군가는 어떤 피임법을 쓰는 게 좋겠다는 것까지 지도했다. 피임은 여자만이 했는데, 임신한 여자나 유아를 기르고 있는 여자, 소녀, 이렇게 세 경우에 해당되면 피임을 해도 좋다고 되어 있다. 당시 랍비의 지식으로는 임신 중인 여자가 또 임신할 수도 있지 않을까 생각되었으므로 피임이 허락되었다. 어린아이를 기르고 있는 어머니는 아이가 최소한 네 살이 될 때까지는 당연히 그 아이를 보살펴 주어야 한다고 생각했다. 또 여자는 나이가 어려서 결혼을 하면 몸에 해롭다고 생각했다. 한편, 기근이 들었을 때나 민족적인 위기를 맞았을 때, 또는 전염병이 창궐할 때에도 마찬가지로 피임이 권장되었다.

제일 중요한 것

단 하나뿐인 공주가 중병을 얻어 죽음을 눈앞에 두고 있었다. 의사는 영약을 먹이지 않으면 소생할 가능성이 없다고 말했다. 그러자 왕은 공주의 병을 낫게 해준다면 그를 사위로 맞아들이고, 자기 뒤를 이어 왕위에 오를 수 있게 해주겠다고 포고문을 써 붙이도록 했다.

한편, 궁궐에서 멀리 떨어진 곳에 삼형제가 살고 있었다. 첫째는 마법의 망원경을 가졌고, 둘째는 하늘을 나는 양탄자를 가졌으며, 셋째는 먹기만 하면 어떤 병이든 낫게 하는 마법의 사과를 갖고 있었다.

첫째가 마법의 망원경으로 그 포고문을 보았다. 공주를 가엾게 여긴 그들은 셋이 힘을 합쳐 공주의 병을 낫게 해주자고 의논했다.

삼형제는 우선 어떤 곳이든지 순식간에 날아갈 수 있는 양탄자를 타고 궁전으로 갔다.

궁전에 도착하자 서둘러 마법의 사과를 공주에게 주었다. 그 사과를 먹은 공주는 곧 완쾌되었다. 사람들은 뛸 듯이 기뻐했고, 큰 잔치를 베푼 왕은 이제 사위를 맞아들여야겠다고 생각했다. 그런데 일이 참으로 난처했다.

삼형제 가운데 첫째가 "제가 망원경으로 포고문을 보았기 때문에 저희들이 이곳에 올 수 있었습니다. 만약 포고문을 보지 못했다면 여기에 올 수 없었을 것입니다." 하고 주장했다. 둘째는 "저의 마법 양탄자가 아니었다면 이곳까지 빨리 올 수 없었을 것입니다. 저희가 이토록 먼 곳까지 올 수 있었던 것은 저의 양탄자가 있었기 때문입니다."라고 주장했다. 셋째는 "물론 그 말도 맞습니다. 그러나 결정적으로 마법의 사과가 아니었다면 공주님의 병을 고칠 수 없었을 것입니다."라며 제각기 자기의 공로가 크다는 주장을 내세웠다. 만약 당신이 왕이라면 삼형제 중 누구를 사위로 삼겠는가?

그 답은 사과를 가지고 있는 셋째다. 왜냐하면 하늘을 나는 양탄자를 가지고 있는 둘째는 지금도 그것을 갖고 있고, 마법의 망원경을 가진 첫째 또한 망원경을 그대로 지니고 있다. 그러나 마법의 사과를 가지고 있던 셋째는 공주에게 마법의 사과를 먹였으므로 아무것도 가지고 있지 않기 때문이다. 셋째는 자기가 가진 귀중한 것 전부를 준 것이다.

《탈무드》는 무엇인가 남에게 베풀 때는 모든 것을 주는 것이 중요하다고 가르친다.

재판관과 암시장

아주 현명한 재판관이 어느 날 시장을 지나가다가 도둑질한 물건들이 그곳에서 매매되고 있다는 사실을 알았다. 그래서 장물인 줄 알면서도 사고팔면 안 된다는 것을 일깨워 주기 위하여 무엇인가 보여 주어야겠다고 생각했다.

그는 여러 사람이 보는 앞에서 족제비 한 마리를 내놓고 작은 고기조각 하나를 주었다. 족제비는 그것을 자기의 작은 구멍에다 감춰 두고 나왔다. 사람들은 당연히 족제비가 그 고기를 숨긴 곳을 알고 있었다.

재판관은 그 구멍을 막은 다음 이번에는 좀 더 큰 고깃덩이를 족제비에게 주었다. 족제비는 또 자기의 굴로 가지고 갔다. 그러나 굴이 막혀 있자 그대로 고깃덩이를 물고 재판관 앞으로 되돌아왔다. 자기가 가지고 있는 고깃덩이가 주체스러워 고기를 준 사람에게 다시 가지고 돌아온 것이다.

그 광경을 지켜본 사람들은 자기가 도둑맞은 물건들이 여기서 거래되고 있음을 알고 도로 찾아갔다.

시집가는 딸에게

사랑하는 내 딸아! 만일 네가 남편을 왕처럼 섬긴다면 남편도 너를 여왕처럼 대접할 것이다. 그러나 네가 남편을 하인처럼 대접한다면 그도 역시 너를 하녀처럼 취급할 것이다. 또 네가 자존심을 내세워 그에게 봉사하는 마음을 갖지 않는다면, 그는 힘을 앞세워 너를 정복하고 하녀로 삼아버릴 것이다.

또 너의 남편이 친구의 집을 방문할 때면, 네 남편으로 하여금 목욕하게 하고 옷차림을 단정히 해서 나가게 해라. 그리고 남편의 친구가 집에 찾아왔을 때는 성의를 다해 극진히 대접해라. 그러면 남편은 너를 소중하게 여길 것이다.

마지막으로 언제나 가정에 마음을 쓰고, 남편의 물건을 소중히 다루어라. 그렇게 하면 남편은 네 머리 위에 왕관을 올려놓을 것이다.

협력의 힘

왕에게 '오차'라는 맛있는 과일이 열리는 나무가 있었다.

왕은 그 과일을 지키기 위하여 두 사람의 경비원을 고용하였다. 그런데 한 사람은 소경이었고, 한 사람은 절름발이였다.

그 두 사람이 음흉스럽게도 함께 '오차'를 따먹자고 모의한 후, 소경이 절름발이를 무등 태우고 과일을 따게 하여 나누어 먹었다.

나중에 과일이 없어진 것을 안 왕이 몹시 화가 나서 두 사람을 대질심문하였다. 그러자 소경은 앞을 볼 수가 없으므로 따 먹을 수 없었다고 하고, 절름발이는 자기는 다리가 불편하여 높은 곳의 과일은 따 낼 재간이 없었노라고 발뺌을 했다.

왕은 일리가 있는 말이라고 생각했으나 전적으로 믿지는 않았다.

어떤 경우를 막론하고 두 사람의 힘은 한 사람의 힘보다 훨씬 강하다.

랍비의 신앙심

한 랍비가 로마에 도착했을 때, 거리에 포고문이 붙어 있었다.

"왕비께서 엄청나게 값비싼 장신구를 잃어버렸다. 30일 내에 그것을 가져오는 사람에게는 큰 상을 내리겠다. 그러나 30일 이후에 그것을 가지고 있는 자가 발견되면 사형에 처하겠다."

우연히 그 장신구를 습득하게 된 랍비는 31일째 되는 날 그것을 왕궁으로 가지고 가서 왕비 앞에 내놓았다. 그러자 왕비가 물었다.

"나는 30일 전에 포고문을 거리에 붙이게 했는데, 당신은 그것을 못 보았소?"

랍비는 보았다고 대답했다.

왕비가 또 물었다.

"30일이 지난 다음에 이것을 가지고 오면 어떤 벌을 받게 되는지도 알고 있소?"

랍비는 알고 있다고 대답했다.

"그렇다면 왜 30일이 지나도록 이것을 가지고 있었소? 당신이 이것을 하루만 일찍 가져왔더라면 큰 상을 받을 수 있었을 거요. 그런데 하루 늦게 가져 왔으니 상금은 고사하고 목숨이 위태롭게 됐소. 당신은 목숨이 아깝지 않소?"

랍비가 대답했다.

"만약에 제가 30일 이내에 이것을 돌려 드렸더라면 사람들은 제가 왕비님을 두려워하기 때문이라고 생각했을 것입니다. 그러나 제가 오늘까지 기다렸다가 가져온 것은, 제가 두려워하는 분은 왕비님이 아니라 오직 하나님뿐이라는 사실을 다른 사람들에게 알려주고 싶었기 때문입니다."

말을 들은 왕비는 자세를 경건하게 바꾸며 말했다.

"그처럼 훌륭한 하나님을 섬기는 당신에 대하여 깊은 경의를 표합니다."

가장 안전한 재산

이 일은 어느 배 안에서 일어났던 이야기이다.

배에 탄 승객들은 한결같이 큰 부자들이었고, 그 속에 랍비도 끼어 있었다. 그들은 서로 자신이 소유하고 있는 재산을 자랑했다.

그 광경을 지켜보던 랍비가 말했다.

"나는 나 자신이 누구 못지않은 큰 부자라고 생각하고 있소. 하지만 내 재산을 당신들에게 보여드릴 수가 없는 것이 유감이오."

얼마 후, 해적들이 나타나 그 배를 습격했다. 부자임을 자랑하던 그들은 금은보화를 비롯해 가지고 있던 재산을 해적들에게 약탈당했다. 해적들은 물러갔고, 배는 가까스로 항구에 닿았다.

육지에 도착한 랍비는 곧 그곳 항구의 사람들로부터 높은 지식과 교양을 인정받게 되었고, 학생들을 모아 가르치게 되었다. 그렇지만 랍비와 함께 배를 타고 왔던 그 부자들은 해적들에게 재산을 빼앗겨 모두가 비참한 생활을 감수해야만 했다.

얼마의 시간이 지난 뒤, 랍비는 과거에 같은 배를 탔던 부자들을 만나게 되었다. 그러자 그들이 랍비에게 말했다.

"랍비님의 말씀이 옳았습니다. 지식을 소유한 사람은 재물보다 더 귀한 것을 소유한 것이나 다름없습니다."

지식이란 남에게 빼앗길 일이 없으므로 가장 안전한 재산이며, 따라서 가장 중요한 것은 '교육'임을 강조한 이야기이다.

광고

오늘날, 광고는 매우 중요한 위치를 차지하고 있다. 그래서 허위 광고나 과대 선전은 엄격히 규제한다. 그럼에도 불구하고 자동차나 맥주, 담배 등 많은 광고들이 올바른 정보만을 제공하고 있다고 보기는 어렵다.

예를 들면, 어떤 회사의 제품이 다른 회사의 제품보다 우수하다고 선전하지만, 그 상대편 회사의 광고 역시 똑같은 주장을 하고 있다. 그리고 제품과 아무 관련도 없는 포장과 도안이 제품에 상당한 영향을 주는 경우도 적지 않다.

담배 광고의 경우 아름다운 미녀가 자동차 안에서 멋진 포즈로 담배를 피우는 장면이 나온다. 그러나 실제로 그 여자가 담배를 즐기는 사람이라고 보기는 어렵다.

때문에 《탈무드》는 이런 광고에 반대한다. 그것은 소비자를 속이는 행위라고 보는 것이다.

《탈무드》에서는 소를 팔 때 다른 색깔을 칠하는 것을 금하고 있다. 물품에 색깔을 칠하는 것은 남을 속이기 위한 행위라고 보기 때문이다. 또 신선한 과일을 오래된 과일 위에 올려 놓고 팔아서도 안 된다고 적고 있다.

물건의 안전 규정에 대해서도 상세히 지적한다. 노동 시간에 대해서도 그 지방의 평균적인 노동 시간을 초과하여 일을 시켜서는 안 된다고 되어 있다. 또 상품에 걸맞지 않은 수식어를 붙이지 말라고 한다.

오늘날 광고에서 '킹 사이즈' 혹은 '풀 야드'라는 말은 과장된 표현이다. '풀 야드'는 결국 1야드인데 듣기에 따라 묘한 뉘앙스를 준다. 유대 사회에서 그러한 말은 일찍부터 금지되어 있었다.

Chapter 5

탈무드의 전통·발

유대인의 생활

유대인들은 해가 뜨는 것과 동시에 일어나 손을 씻고, 식사를 하기 전 30분 동안 기도를 드리게 되어 있다. 기도를 드릴 때에는 팔과 머리에 거룩한 상자를 붙들어 맨 후, 목걸이를 몸에 두른다.

기도는 집에서 드려도 되지만 대개는 가까운 회당에 가서 기도를 드린다. 어디에서 기도를 드리든 기도의 말은 똑같다. 회당에 가서 기도를 드리면 다른 사람들과 함께 기도 드릴 수 있다는 이점이 있다. 기도란 혼자서 드리면 이기적으로 되기 쉽고, 여럿이 드리면 집단의식이 강해진다.

기도를 마치면 아침밥을 먹게 된다. 한 번 더 손을 씻고, 식사 전 기도는 짧게 드리고 밥을 먹는다. 만일 친구와 식구들이 함께 식사를 하면 화제는 반드시 《탈무드》에서 선택한다.

식사 후에는 다시 기도를 드린다. 이때 친구나 다른 사람이 있으면 소리를 합하여 함께 드린다. 그리고 일터로 나간다. 오후에는 정오에서 해질 때까지의 사이에 5분쯤 기도 드린다.

밤에는 가까운 아카데미에 가서 공부한다. 유대인들의 생활에서는 하루에 수시로 시간을 쪼개어 공부하게 되어 있기 때문이다.

삶의 목적

한 척의 배가 항해를 하던 중 갑자기 폭풍우를 만나 항로를 잃고 말았다.

다음 날 아침이 되자 바다는 다시 조용해졌다. 그리고 저 멀리 아름다운 포구가 있는 섬이 보였다. 배는 그 섬으로 다가가 닻을 내리고 잠시 머무르게 되었다.

섬에는 아름다운 꽃들이 만발해 있었고, 먹음직스런 과일들이 주렁주렁 달린 나무들과 온갖 새들의 아름다운 울음소리가 승객들을 맞이했다.

승객들은 자연스럽게 다섯 부류로 나뉘었다.

첫 번째 부류의 사람들은 목적지에 빨리 도착해야 한다며 떠날 것을 독촉했다. 그래서 아예 섬을 구경할 생각조차 않고 배에 그대로 남아 있었다.

두 번째 부류의 사람들은 섬으로 내려가 감미로운 꽃향기도 맡고, 시원한 나무 그늘 아래 앉아 맛있는 과일도 따먹으면서 기운을 되찾은 다음 곧장 배로 돌아왔다.

세 번째 부류의 사람들은 섬에 내려가 아주 오랫동안 즐겼으나 순풍이 불어오자 배가 떠날 것을 염려하여 허겁지겁 달려왔다.

네 번째 부류의 사람들은 순풍이 불어와 선원들이 닻을 걷어 올리는 것을 바라보면서도 돛을 달려면 꽤 시간이 걸릴 것이며, 선장이 설마 자기네를 놔두고 그냥 떠나겠느냐 생각해서 그대로 즐기고 있었다. 그러나 막상 배가 포구로부터 미끄러져 나가기 시작하자 허겁지겁 물에 뛰어들어 헤엄을 쳐서 올라탔다. 그 바람에 물을 먹거나 뱃전에 부딪쳐 부상을 당하기도 했다.

다섯 번째 부류의 사람들은 섬에 내려가 그 경치에 도취되어 먹고 마시고 떠들며 즐겼다. 때문에 배가 출항하는 것조차 모르고 있었다. 그래서 그들 중 일부는 숲속 맹수에게 잡아먹히거나 독성이 있는 나무 열매를 따 먹어 결국은 모두 죽고 말았다.

당신이 그 배의 승객이었다면 어떤 부류에 속했을 것이라고 생각하는가?

이 이야기에서 배는 '선행'을, 섬은 '쾌락'을 상징한다.

첫 번째 부류의 승객들은 인생의 쾌락을 전혀 무시한 사람들이었다.

두 번째 부류의 승객들은 알맞게 쾌락을 즐기면서도 목적지에 가야 한다는 생각을 저버리지 않았다. 가장 지혜로운 사람들이라 할 수 있을 것이다.

세 번째 부류의 승객들은 지나치게 쾌락에 빠지지 않고 안전하게 배로 돌아오기는 했으나 역시 고생을 감수해야만 했다.

네 번째 부류의 승객들은 결국 선행으로 돌아오기는 했으나 너무 늦어 고생이 많았고, 목적지에 도착할 때까지 그 아픔을 참아야만 했다.

가장 경계해야 할 것은 다섯 번째 부류의 승객과 같은 경우이다. 사람이 일생을 향락과 허영에 빠져 삶의 목적을 망각한 채 눈앞의 달콤함에 현혹되어 맹수의 습격을 받고, 열매에 독이 든 것도 모르고 먹어서 죽는다면 그보다 더 불행한 일이 또 어디에 있겠는가?

유대인을 미워한 황제

로마 황제 중에서 유대인을 유난히 미워한 황제가 있었다.

어느 날, 지나가던 유대인이 그 황제를 보고 인사를 했다.

"황제 폐하, 안녕히 주무셨습니까?"

인사를 받은 황제가 물었다.

"너는 도대체 누구인고?"

"네! 저는 유대인이옵니다."

그러자 황제는 자기 부하에게 명령하였다.

"건방진 녀석이로다. 감히 대로마제국의 황제인 내게 인사를 하다니, 당장 저놈의 목을 잘라 버려라!"

그다음 날, 또 유대인 한 사람이 황제의 앞을 지나게 되었다. 그런데 그 유대인은 황제에게 어떤 경의도 표하지 않았다. 그러자 이번에도 황제는 명령했다.

"감히 대로마제국의 황제인 나에게 인사를 하지 않다니 괘씸한 놈이로다. 당장 저놈의 목을 쳐라!"

그러자 다른 대신들이 의아한 얼굴로 물었다.

"황제 폐하, 어제는 인사를 했다고 처형하고, 오늘은 인사를 안

했다고 처형하라 하십니다. 어느 쪽이 옳은 처사입니까?"

황제가 대답했다.

"양쪽 다 옳은 처사로다. 그대들은 잘 모르지만 나는 유대인을 다루는 방법을 잘 알고 있느니라."

그는 유대인을 미워했기 때문에 그들의 행동에 관계 없이 단지 유대인이라는 사실만으로 죽였던 것이다.

가장 좋은 작별 인사

오랜 여행으로 피로와 굶주림에 지친 사람이 있었다. 사막의 햇볕은 모든 것을 타들어가게 하였고, 그 사람도 배가 고프고 목이 말라 고통이 심했다.

그러던 차에 나무가 우거진 곳에 이르렀다.

그는 지친 몸을 나무 그늘에서 쉬면서 과일로 주린 배를 채우고, 시원한 물로 타는 목을 축인 다음, 비로소 안도의 한숨을 길게 내쉬었다. 그러나 다시 길을 떠나야 했다.

그는 그늘을 드리워준 나무에게 작별 인사를 했다.

"정말 고맙다, 나무야. 고마움에 어떻게 인사를 해야 할지 모르겠구나. 너의 열매가 달게 해달라고 기도하려 해도 네 열매는 벌써 충분히 맛이 들었고, 시원한 나무그늘을 갖게 해 달라고 기도하려 해도 너는 이미 시원한 그늘을 가졌고, 네가 무럭무럭 자라도록 충분한 물이 있기를 빌어주려 해도 너에게는 이미 충분한 물이 있구나. 그러니 내가 너를 위하여 기도할 수 있는 것은 네가 더욱 풍성하게 열매를 맺고, 그 열매의 씨앗이 많은 나무들이 되어 너와 똑같이 아름답고 훌륭한 나무로 자라라는 것밖에 없다."

당신도 누구와 작별할 때 기도해 주고 싶을 때가 있을 것이다. 그래서 그 사람이 더 현명해지기를 기도해 주려 해도 이미 누구보다 현명하고, 부자가 되라고 기도해 주려 해도 그는 이미 충분히 부유하고, 사람들에게 환영받을 선량한 사람이 되기를 빌어주고 싶어도 이미 누구보다 선량한 사람일 때, 당신은 무어라고 작별 인사를 하겠는가?

"당신의 아이들도 부디 당신과 같이 훌륭한 사람이 되기를 진심으로 빕니다."

이것이 가장 좋은 작별 인사이다.

상거래의 윤리

유대인들에게는 탈무드 시대부터 계량을 감독하는 관리가 있었다. 계절에 따라 토지의 넓이를 재는 줄자도 각기 다른 것을 사용했다. 왜냐하면 기온에 따라 줄에 신축성이 있기 때문이다. 또 액체를 사고 팔 경우 그릇에 먼젓번의 찌꺼기가 남아 있어서는 안 되기 때문에 그릇 속을 항상 깨끗이 하도록 엄격하게 감독하였다.

물건을 샀을 경우, 구매자는 그 물건의 성질에 따라 하루에서 일주일 사이 그 물건을 다른 사람들에게 보여주고 의견을 들을 수 있는 권리가 있다. 그것은 물건을 산 사람이 그 물건에 대하여 잘 모를 수 있기 때문에 그 물건을 올바로 판단하기 위한 것이다.

탈무드 시대에는 상품의 가격이 매겨져 있지 않았다. 오늘날에는 물건의 가격이 정해져 있지만 옛날에는 파는 사람이 마음대로 가격을 정했다. 그래서 만일 상식적인 가격보다 6분의 1 이상 비싼 값으로 매매되었을 때, 예를 들어 평소에 6백 원으로 파는 상품을 8백 원으로 팔았다면 그 상행위는 무효라고《탈무드》에 쓰여 있다.

또한 파는 사람이 물건의 계량을 속였을 경우, 산 사람은 다시 물릴 권리가 있다.

파는 사람을 보호하기 위한 것으로는, 물건을 살 의사가 없으면서 흥정을 해서는 안 된다는 규정도 있다. 또 다른 사람이 먼저 살 의사를 밝힌 물건을 가로채어 사서도 안 된다고 규정해 놓고 있다.

유대인의 장례

유대 사회에서는 죽은 이에게 반드시 경의를 표하여야 한다. 죽은 이는 항상 수호받아야 한다고 생각하는 것이다.

장례식은 먼저 그 지역 사회에서 가장 교육 수준이 높고 존경받는 사람이 죽은 이의 몸을 깨끗이 씻어준다. 유대인 사회에서 이 일은 대단한 명예로 여겨지고 있다.

매장은 될 수 있는 대로 빨리 하도록 되어 있기 때문에 원칙적으로 죽은 다음 날에 한다.

고인을 조금이라도 알고 있는 사람은 반드시 장례식에 참석해야 한다. 랍비는 조사를 읽고, 상주는 기도문을 읽는다. 그리고 상주는 같은 예배당에 가서 1년간 매일 고인을 위해 정성껏 기도문을 외운다.

매장이 끝나면 가족은 집으로 돌아와 1주일간 집에서 기도문을 되풀이하여 외운다. 마루 가운데에 촛불을 켜놓고 거울은 모두 덮개로 덮은 뒤, 열 명의 친구가 모여서 기도문을 외운다.

상주는 1주일간 집밖으로 나가지 않는다. 예배당에도 1주일이 지나야 간다. 그 기간 동안에 그 가족을 알고 있는 사람은 조문을 한다. 그 기간이 끝나면 가족은 집밖에 나가서 집 둘레를 한 바퀴 돈다.

상주는 1개월 동안 얼굴을 씻어서는 안 되고, 1년간은 화려한 유흥 장소에 가도 안 된다. 또 해마다 기일이 돌아오면 상복을 입는다.

장례식에서 돌아온 식구들은 달걀을 먹는다. 유대인들은 죽은 이에 대한 슬픔이 너무 깊어도 좋지 않다는 생각을 가지고 있다. 가족이 죽었으니 슬퍼하는 것은 당연하지만 슬픔에 너무 얽매이면 건강에 좋지 않다고 생각한다. 그래서 1주일 후 집 둘레를 한 바퀴 돈다.

집 둘레를 도는 근거는 '원은 시작도 끝도 없으므로 생명도 원과 같이 끝이 있어서는 안 되고 항상 돌고 있어야 한다.'는 뜻이다.

가장 깊은 슬픔에 잠기는 것은 1주일간이다. 그다음 1개월간의 상 기간이 있지만 이 기간은 앞의 1주일만큼 슬픔이 깊지 않다. 다음의 1년간도 슬픔은 덜해진다.

1년 후에는 기일을 제외하곤 상복을 입지 않는다. 이 1년간 상복을 입는 것은 부친이나 모친의 장례 때뿐이고, 다른 사람의 경우는 1주일 보태기 1개월로 모든 상이 끝난다.

가족이나 사랑하는 사람의 죽음으로 매우 슬퍼 식사를 할 수 없을지라도 건강 유지를 위해 달걀을 먹지 않으면 안 된다. 식사는 의무적이기 때문에 꼭 먹어야 한다.

죽은 이가 살아 있는 인간을 지배하면 안 된다는 원칙으로, 앞으로도 계속 살아가야 할 중요성을 가르친다. 또한 자살은 큰 죄로 인식한다.

유대인들의 장례는 부자나 가난한 사람이나, 학자나 배움이 없는 자나 전부 똑같은 관과 똑같은 수의로 치른다. 그 사람의 지위나 재산에 의해서 장례 의식이 변하지 않는다. 인간의 평등을 존중하기 때문이다.

예배당에서 같은 모습을 하고, 같은 모자를 쓰고 기도하는 것도 그 때문이다.

위기를 극복한 부부

결혼한 지 십 년이 지난 부부가 있었다. 그들은 겉으로 보기에는 금슬이 좋고 행복해 보였다.

그런데 어느 날 갑자기 남편이 랍비를 찾아가 이혼을 허가해 달라고 말했다. 오래전부터 그들 부부를 잘 알고 있었던 랍비는 그들의 결혼 생활에 문제가 있으리라고는 생각하지 못했다.

남편은 그들 사이에 아이가 없기 때문에 친척과 가족들로부터 헤어지라는 권고를 강력히 받고 있다고 말했다. 유대의 전통에 의하면 결혼하고 십 년이 넘도록 아내가 아이를 낳지 못하면 남편은 이혼을 요구할 권리가 있다.

남편과 아내는 서로 이혼을 원하지 않았지만 가족과 친척들의 강한 압력 때문에 괴로워했다.

얼마 있다가 부부가 함께 랍비를 찾아왔는데, 랍비는 한눈에 그들 부부가 여전히 사랑하고 있다는 사실을 알아차렸다.

일반적으로 랍비는 이혼에 대해서는 반대하는 편에서 조언한다. 이유는 이혼을 하고 난 뒤에 다시 재혼을 한다고 해도 또 그런 사람을 만나기 십상이기 때문이다.

그 남편은 아내와 이혼하더라도 사랑하는 아내가 굴욕감을 느끼지 않게 가능한 조용히 헤어지기를 바란다고 했다. 랍비는《탈무드》의 가르침을 활용하기로 했다.

그는 헤어질 아내에게 선물로 오래도록 소중하게 간직할 수 있는 무언가를 주고 싶다고 했다. 그래서 랍비는 파티가 끝나거든 아내에게 다음과 같이 말하도록 권했다.

"내가 가지고 있는 것 중에서 당신이 가장 가지고 싶은 것을 하나만 말하시오. 그것이 무엇이든 선물로 주겠소."

그리고 그의 아내에게도 귀띔을 해주었다.

"남편이 선물을 준다고 하거든 남편을 갖고 싶다고 대답하시오."

다음 날 파티가 끝나고 남편은 전날 랍비와 약속한 대로 헤어져야 하는 아내에게 갖고 싶은 것을 말하라고 했다.

아내는 '가장 갖고 싶은 것은 남편'이라고 했다. 그리하여 그들은 이혼을 취소하게 되었고 보다 더 행복하게 살았다. 훗날 그들에게서는 아기가 둘이나 태어났다.

'죄'에 관한 개념

인간이라면 누구든 죄를 짓는다. 그런 이유 때문인지 유대의 가르침에는 동양의 도덕률과 같은 엄격하고 긴장된 분위기가 없다.

유대인들의 죄에 관한 개념은, 활을 쏘아 과녁을 명중시킬 수 있는 사람이 명중시키지 못할 때가 있는 것처럼, 죄를 범할 까닭이 없는 사람도 우연히 죄를 범할 수 있다는 것이다.

유대인들은 자기 죄에 대해 용서를 빌 경우 '나'라는 말을 결코 사용하지 않는다. 반드시 '우리'라는 말을 사용한다.

유대인들은 누구나 한 집안의 가족으로 생각하므로 비록 개인이 단독으로 저지른 죄라 할지라도 여럿이 함께 죄를 저지른 것처럼 생각한다. '유대인 모두는 커다란 하나의 가족에 속한다.'는 생각이 그들의 의식 세계를 지배하고 있기 때문이다. 그래서 비록 자기 자신이 물건을 훔치지 않았더라도 남들에 의하여 저질러졌다는 사실에 대하여 하나님께 빌어야만 한다. 자신이 행한 자선이 모자라기 때문에 그들이 훔치는 행위를 했다고 생각하는 것이다.

선과 악

노아의 홍수 때 온갖 것들이 살아남기 위하여 노아의 방주로 몰려들었다. 그중에 '선善'도 황급히 뛰어 왔지만 노아는 그를 태우지 않았다.

"나는 짝이 없는 것은 태우지 않는다."

그래서 '선'은 황급히 숲속으로 들어가 자기의 짝이 될 만한 상대를 찾아 헤맸다. 얼마 후 '선'은 '악惡'을 찾아내 함께 방주로 돌아왔고, 노아는 그들을 방주에 태워 주었다.

그 후부터 '선'이 있는 곳에는 언제나 '악'이 함께 있게 되었다.

미래를 위한 투자

한 노인이 정원에 묘목을 심고 있었다. 그곳을 지나가던 나그네가 물었다.

"대체 영감님께서는 이 나무에서 언제쯤 열매를 딸 수 있을 것으로 생각하십니까?"

노인이 대답했다.

"한 10년쯤 지나면 열리지 않겠소?"

나그네가 다시 물었다.

"그럼 영감님께서는 그때까지 사실 수 있으리라고 생각하십니까?"

노인이 대답했다.

"아니오, 그렇게 오래 살진 못하겠지요. 그러나 내가 어렸을 때 우리 과수원에 과일이 많이 달려 있었소. 그것은 내가 태어나기 훨씬 전에 내 아버지께서 나를 위해 나무들을 심어 주셨기 때문이었소. 나도 지금 아버지와 똑같은 일을 하는 중이오."

혀의 좋은 때와 나쁜 때

한 랍비가 하인에게 비싸더라도 맛있는 것을 사 오라고 했다. 하인은 혀를 사 가지고 왔다.

이틀 뒤, 랍비는 다시 오늘은 맛이 없더라도 값싼 것을 사 오라고 일렀다. 하인은 이번에도 혀를 사 가지고 왔다.

랍비가 물었다.

"내가 비싸더라도 맛있는 음식을 사 오라고 했을 때에도 혀를 사 왔고, 맛은 상관없으니 값싼 음식을 사 오라고 이른 오늘도 혀를 사 가지고 왔으니 대체 어찌된 일이냐?"

하인이 대답했다.

"혀가 좋을 때는 그것보다 더 좋은 것이 없지만, 반대로 나쁠 때는 그보다 더 이상 나쁜 것이 없기 때문입니다."

참고 문헌

《탈무드식 천재교육》 : 루스 시로 · C 카네기, 1982년, 안광제 편역, 대일서관

《유태인의 전래 이야기》 : 레오 파브라트, 1991년, 현경미 옮김, 을지출판사

《세계 명언전집 성서편》 : 권일 지음, 1982년, 오성출판사

《서양 역사철학》 : 김형석 지음, 1987년, 가람기획

《이스라엘 역사와 지리》 : 이병렬 저, 1985년, 요단출판사

《구약성서 이야기 1, 2》 : 자크 뮈세 지음, 곽노경 옮김, 1985년, 미래M&B

《이스라엘의 시련과 영광》 : 김용기 편저, 1978년, 제문당

《나의 생애 골다 메이어》 : 박찬순 역, 1979년, 한국일보사

《지혜의 탈무드》 : 김경선 옮김, 2001년, 바른사

《솔로몬 탈무드》 : 이희영 지음, 2002년, 동서문화사

《성전 탈무드》 : 루스 실로 저, 김영옥 옮김, 1988년 청아출판사

《살아있는 탈무드》 : 오지 만지노, 손계성 편역, 1996년, 을지출판사

《이야기 탈무드》 : 신동일 엮음, 1998년, 지경사

《유태인의 지혜 탈무드》 : 마빈 토케이어 지음, 이경렬 옮김, 1997년, 글동산

《종합 탈무드》 : 골딘 · 빅터 솔로몬, 전풍자 옮김, 1984년, 범우사

《유태인의 상술》 : 후지다 덴, 이상근 역, 1983년, 서한사

《자식은 유태인처럼 키워라》 : 루스 실로, 원응순 역, 1983년, 범림출판사

《이스라엘의 역사》 上 · 下 : 존 브라이트 저, 김윤주 역, 분도출판사

《유태인의 천재교육》 : 루스 실로 저, 진웅기 역, 1980년, 문화서적

《기독교 대사전》, 편집인겸 발행인 조선출, 1960년, 대한기독교서회(※본문 중의 인명 및 지명은 이 사전에 준하여 표기하였음)

《이스라엘의 시련과 영광》 : 김용기 편저, 1977년, 창진사

《피와 땀의 나라 이스라엘》 : 김상진 저, 1972년, 문명사

《이것이 유대인이다》 : 막스 Ⅰ. 다이몬트, 김영수 역, 1979년, 한국기독교문학연구소출판부

《세계사의 주역 유대인》 : 박재선 지음, 1999년, 해누리

《천재를 만드는 유태인의 가정 교육법》 : 류태영, 2001년, 제네시스

《기독교 죄악사》 : 조찬선 지음, 2000년, 평단문화사